宋朝往事系列

耿元骊 主编

范仲淹
忧乐系天下

赵龙 著

辽宁人民出版社

© 赵龙　2025

图书在版编目（CIP）数据

忧乐系天下：范仲淹/赵龙著. —沈阳：辽宁人民出版社，2025.1

（宋朝往事系列/耿元骊主编）

ISBN 978-7-205-11148-9

Ⅰ.①忧… Ⅱ.①赵… Ⅲ.①范仲淹（989—1052）—传记—通俗读物 Ⅳ.① K825.6-49

中国国家版本馆 CIP 数据核字（2024）第 092623 号

出版发行：辽宁人民出版社
　　　　　地址：沈阳市和平区十一纬路 25 号　邮编：110003
　　　　　电话：024-23284191（发行部）　024-23284304（办公室）
　　　　　http://www.lnpph.com.cn
印　　刷：天津光之彩印刷有限公司
幅面尺寸：145mm×210mm
印　　张：9.5
字　　数：170 千字
出版时间：2025 年 1 月第 1 版
印刷时间：2025 年 1 月第 1 次印刷
责任编辑：赵维宁　段　琼
封面设计：乐　翁
版式设计：一诺设计
责任校对：冯　莹
书　　号：ISBN 978-7-205-11148-9
定　　价：78.00 元

总　序

宋朝往事，如在眼前

后周显德七年，岁在庚申，公元纪年则曰960年。这一年的春节，就在公历1月31日。经过了数十年各方势力混战，天下仍大乱，百姓仍生活在苦难之中（当然，传统王朝盛世，百姓也在苦难之中，乱世倍增而已）。不过，古今一例，大过年的，百姓们假装也要假装一下，麻醉也要麻醉一下，大户小家都欢天喜地，撒旧符，换新桃，祭祖悬影，张灯结彩，宴饮欢唱。无论内忧外患如何，生活总要继续下去。可是，就在中原大地一片祥和的气氛之中，突然——可以说非常非常突然，大年初一，北境传报紧急军情！北汉勾结辽军攻打过来！开封城内，惊慌失措的百姓，惊慌失措的大臣，还有惊慌失措的小皇帝，焦急地一叠声：怎么办？怎么办？

大周，说起来总是中原正朔，且正处蓬勃之际，岂能坐以待毙！必须抵抗，必须派最富军事指挥才能的大将率军抵抗！不过，谁是具有这样能力的大将呢？当然，朝廷知道，百姓知道，只有赵匡胤一人而已。赵匡胤成竹在胸,也不推辞,安排妥当,于大年初三带兵北征。走了一天,来到陈桥驿,夜色降临,驻扎下来。接下来的故事,三尺孩童以上,便无人不知无人不晓了,"黄袍加身"的"陈桥兵变"成为古今耳熟能详的"往事"。显德七年飞速变成了建隆元年,开启了一个全新朝代:宋朝。由此,也就进入了我们想重新回忆的"宋朝往事"。

在中国历史上,"宋"之魅力,独树一帜,让人不停地想起它。提起宋朝往事,很多人都感觉历历在目。那么,以后见者之明,再观察宋代,到底该如何认识宋呢?陈寅恪先生讲"华夏民族之文化,历数千载之演进,造极于赵宋之世",就已经为它定性定向,成为我们认知宋朝的一个基底性叙述了。不过晚清民国以来,学者与世人在外敌入侵的背景下,看待宋朝总是觉得它"积贫积弱",几乎只有陈先生独具慧眼,但是随着世界变化,研究逐步深入,观念多轮更新,世人越发理解了陈先生先见之明,发现宋朝既不贫也不弱,乃至更多强调宋朝有趣又有生机的那一面了。在当代中国人看来,这是一个有意思、有故事的风雅时代。

宋朝文化,偏于"雅致"气象,已经有无数学者指出过了。虽然"西园雅集"其事本身未必完全符合史实,但是"雅集"精神却是宋代真实的"文化心理"。他们吟诗词而唱和,他们抚琴听音,他们绘山水而问禅风,"宋型"文人风貌就显现其中。从对"西园雅集"千年反复阐释与模仿当中,足见其影响之深远。而"雅集"所体现出来的"极简"美学,是宋代高雅文化全部核心所在。扬之水先生说:"抚琴、调香、赏花、观画、弈棋、烹茶、听风、饮酒、观瀑、采菊、绘画和诗歌,携手传播着宋人躬身实践和付诸想象的种种生活情趣。"当然,这种风雅文化,也深深影响到市井文化,推动了市井文化与风雅文化同步大放异彩。甚至或者可以说,在宋人那里,市井文化就是风雅文化的变身。

宋朝经济,以工商流转增值为主要经济运行模式,初步迈向了现代经济门槛。又因为总掌控区域大幅度缩小,外部军事压力过大,财政供给压力倍增,不得不开拓在传统农业经济之外的财政来源,竟有意外收获,也就是发现了一条新经济之路:由工商业繁荣,进而推动生产力提高。手工业和商业贸易,对比前朝,都有了大幅度进步。作为衡量经济发展的一个重要指标,宋常年铜钱铸造数量,比唐代鼎盛高峰期还多出数倍,更不用提出现"交子"这样具有现代化性质的纯信用货币了。当然,受限于诸多因素,并未能或者说完全没可能实现从传统经济向现代经济的惊险一跃。

宋朝政治,在传统时代政治大势中堪称特例。皇帝与士大夫共治天下,不因政治斗争因素随意诛杀大臣,都是宋朝独有特殊之处,因而建立了一种相对开明的政治局面。虽然我们完全了解,宋代政治也有诸多问题,党同伐异,文字狱,争执与整肃似乎也都没少过，但是在整体上观察帝制时代政治进程，完全可以确认，宋朝相对偏于宽松。从整个王朝政治史上观察，两宋还都可以说是独特的存在。而科举取士，更是奠定了读书人在政治上的进取之心，社会流动开了一个虽不宽松但也绵绵不绝的上下交通渠道。有志者，可以通过考试进入统治阶层，自认对天下有责任，亦有担当，"先天下之忧而忧，后天下之乐而乐"。

无论从哪个角度看，宋朝都是奠定中华文化最终形成的重要一环，无宋则不足以言中华文化。不过，普通读者对宋朝的印象，在经历了长期看低之后，则有近180度大转弯。最近数年，欣赏宋朝、研读宋朝、描绘宋朝生活成为影视、阅读、游戏等各类市场的新宠。各类时新或传统媒体，时不时地就弄出个宋代专题，制作了各种各样的音频课、视频课，坊间也在学术著作大批出版的同时，出现了无数种关于宋朝的通俗著述。在关于宋朝叙述大繁荣之时，在这无数种关于宋代的讲述中，为什么我们还要再增加新一种呢？这大概就是因为，宋之魅力势不可当。虽然名家大作珠玉在前，但我们还是想试图提供更多维度给读者进行参考和对比。

如何提供更多维度？孟浩然诗句"人事有代谢，往来成古今"最能代表我们的心情和缘起之思。就是想通过人和事两方面，与读者诸君讨论宋朝独特之处。宋之风雅、政事、富庶，都体现在人和事之中了。没有那些特立独行之人，风雅不可见；没

总序　宋朝往事，如在眼前

有那些风雅之士行动，政事不可知；没有那些百姓努力创造，富庶无可求。想要全方位观察宋、了解宋，欣赏大宋之美，就请和我们一起来回首"宋朝往事"。

面对浩瀚宇宙，面对苍茫大地，面对漫漫人生，我们内心常常涌起一种深远庄严之感，不由得想去探究和思考。这就是人之所以为人的根本，只有人类才渴盼了解自身，试图了解自己的过往。而有着世界上最长久、最多历史记载的中华民族，算得上是最愿意了解自身历史的族群之一。与历史人物、事件建立起属于我们自身的沟通管路，唯一渠道和办法，就是读史。读其书，想其人，念古人或雄壮或卑微的一生，感慨万千，油然而生一种复杂情绪弥漫胸间。这大概也是想了解历史、阅读历史的普通读者之常有心境。不过世易时移，学有专攻，不可能让有阅读愿望的各行各业读者，都能重新从工具书层面开始入手研读，所以回首"宋朝往事"，十人十事，纵横交织，就是我们所提供的优质的精神快餐。

宋代人物纷繁，我们选择了赵匡胤、赵普、寇准、范仲淹、包拯、狄青、沈括、岳飞、陆游、文天祥十位代表性人物。相信以读者诸君的敏锐度，已经明了我们的选择用意。赵匡胤，开国之君，没有他的布局和冒险一搏，不会有大宋的建立；没有他所奠定的基础，宋朝也许就是那个"第六代"了。赵普是宋朝开国元勋，也是宋初文臣之中较为有名的那一个。他一生三次入朝为

忧乐系天下：范仲淹

相，影响很大。世人知道他，多以那句"半部《论语》治天下"的典故。他长于吏道，善于出谋划策，"智深如谷"，开国大政，多依赖于赵普策划。寇准，评书演义中的最佳人物，一句"寇老西儿"牵动了多少我辈凡夫俗子之心！可以说，他就是那个有棱角有缺点的最佳演员。范仲淹，相信没有人不知道其千古名句"先天下之忧而忧，后天下之乐而乐"。几乎每个当代中国人都会反复学习那千古名篇，没有他，宋朝就缺失了一点什么。包拯，明清以后，已经成为中国古代清官杰出代表，是为政清廉、公正执法、断案如神的象征，民间呼为"包青天"。以他为主角衍生出的历史演义、戏剧、小说、影视剧为数众多而历代相传。戏说虽然于史无征，却激起我们窥探历史上包拯究竟是何种模样的极大兴趣。狄青，从一名基层农家子弟应征入伍，出身低微，一无权二无势，通过自己精湛的武功、高妙的指挥能力和优良的人品，以及在国家危难之际奋不顾身的突出表现，成长为接近权力巅峰的枢密使，是底层小人物逆袭的典型，后代小说家甚至以他为主角写成了诸多小说演义作品。传说狄青是武曲星下凡，与文曲星下凡的"包青天"一起享誉天下。沈括，我们了解大书《梦溪笔谈》，更了解他记述下来的活字印刷术。他是那个时代文人的典范，虽然后人未必赞同他为官为人之道，但是都欣赏他作为文人士大夫而能关注普通人技术进步的开放心态。岳飞，更是无数传奇小说中的最优榜样。千百年来，不知道影响了多少英雄豪杰！陆游是伟大的诗人和伟大的爱国者，大多中国学生都学习和背诵过他那首千古名诗《示儿》。一辈子渴望北伐中原，收复失地，但是时代没有给他机会。从宋金和战历史大背景观察，我们才能发现一个真实的陆游。文天祥，更是我们常常耳闻的伟大人物，为了匡扶南宋这座将倾大厦，妻离子散，家破人亡，但依然志向不改、视死如归。伟大的人格力量，在中华历史上铸就了一块无与伦比的正气丰碑，内化为中华优秀传统文化不可分割的一部分。纵观文天祥一生，无负于"人生自古谁无死，留取丹心照汗青"的铮铮誓言。

因人而成事，宋代历史上，几乎每天都有大事发生。这些大事如何走向，以后见之明来看，在历史上就更有关键节点作用了。我们同样选择了十件大事作为代表，算是尝一脔而知一鼎之味。东封西祀、女主临朝、宋夏之战、熙丰新政、更化与绍述、靖康之难、三朝内禅、开禧北伐、襄阳保卫战、崖山暮光是我们选定的若干"大事"。读者诸君当然更明了这十件事在宋代历史上的关键性作用。宋真宗不甘平淡，又缺雄才大略，导演了一场天书降临的闹剧，东封西祀，营造太平盛世，将宋朝引到了一条歧路上，带坏了政治风气，无谓消耗财富积累，导致社会出现重大方向调整。宋真宗的章献明肃刘皇后，最著名的传说就是"狸猫换太子"，而这只是个谎言。事实上，刘皇后作为宋代第一位垂帘听政的太后，她身上的故事远比"狸猫换太子"更加

忧乐系天下：范仲淹

精彩。自宋建国起，宋朝与党项李氏一直保持着友好关系，西部边界也一直处于相对稳定的局面，直到李继迁公开与宋朝决裂。党项李氏逐渐壮大，并建立西夏，发展到足以抗衡辽、宋，三足鼎立，宋朝西部边患不断，几无宁日，漫长曲折的战争故事也陆续上演。宋神宗继位之后，梦想成为一个大有为的君主，强烈想要改变现状。与王安石一遇即合，君臣相得，开启了一条"改革之路"。不过这改革既艰难又复杂，在宋人眼里更如乱来。千载之下，评说仍未有完结之期。宋哲宗继位之后，新法逐渐由改善民生、行政、财政、兵政等大目标，转而成为清除异己与聚敛钱财的工具，丧失了正当性，而这一切还在继承神宗之志旗帜下进行。借着更化到绍述之名，大宋这一艘漏水的航船驶入了更加风雨飘摇的末路。靖康之难，更是一段伤心之史。在繁华富足当中突然崩溃，亦是千年少见之事。再建南宋，久居钱江之畔，临安临安，已再无临意。不过相对长期稳定的政治局面之下，皇位继承这个中国传统政治大难题，在南宋前半期又成为难上加难的超级难题。南宋前四帝，总共见过了四次内禅（高宗为皇子时，见徽钦之禅）。王朝体系下，就没有真正的家事与国事的分别，这一家事国事大难题，搅得政局翻覆，影响极大。再到开禧北伐，只好说它是虚假反攻。韩侂胄大冒险，最终把屠刀留给了自己。而由此导致的政局动荡，让后人感觉平添了几分萧瑟。更不幸的是，蒙古崛起，应对失当，为最终的没落埋下了种子。宋元之间，襄樊大战则是南宋灭亡的关键。让我们一同进入宋末历史世界，看看舞台上主角人物如何抉择，观其言，察其行。在13世纪末欧亚大舞台上，从全球视角看看襄樊之战前因、后果、始末、影响与结局。襄樊大战失败之后，元军继续南下，宋人多路义军闻风而动，试图收复故土，好不热闹。但元军一路直下，鏖战50年，四川最终陷落。宋廷退守崖山，张世杰摆一字长蛇阵，决战一日，十万军民漂尸海上，南宋彻底灭亡。大宋忠臣遗民，以生命为国尽忠，为国招魂。只留待我们后人唏嘘南宋往事，或叹或悲或感慨。以此十事，可见宋朝历史脉络的大关节之处。

以上十人十事，共同构成了"宋朝往事"。知人论世，读人读事，把"人"和"事"立体组合起来，这是我们设想的一种新尝试。希望读者诸君与我们携手，一起走进宋朝，欣赏大宋往事，感慨世事变迁，回到大宋场景中，感受历史长河的孤独前行，回味大宋的波澜壮阔。

本人供职于坐落千年古都的河南大学，日常所居之处，每日教学相长之所，就在开封东北角，宋代遗存的"铁塔"之下。这个位置，大概也是王诜"西园"附近。无论"雅集"是不是真的存在，作为宋文化的象征，早已经名垂千古。在西园与宝绘堂旁，走在千年铁塔之下，不由得会生发出思宋之情，悬想宋人生活之景之情，与二三同志研读宋史，更体悟得"雅集"之趣。也是在这个宋文明萌生的一处所在，在辽宁人民出版社蔡伟先生的盛情邀请下，本人虽不敏，但勇于任事，担下了组织撰写"宋朝往事"工作，幸不辱使命，丛书出版后得到了广大读者好评，故有精装版重印之举。希望我们12人通力合作，能以"轻学术"方式，既保有学术上的严谨厚重，又去掉严格脚注带来的束缚与阅读限制，带给大家一点不一样的阅读体会。感谢陈俊达（吉林大学）、黄敏捷（广州南方学院）、蒋金玲（吉林大学）、刘广丰（湖北大学）、刘云军（河北大学）、刘芝庆（湖北经济学院）、仝相卿（浙江大学城市学院）、王淳航（凤凰出版社）、王浩禹（云南师范大学）、张吉寅（山西大学）、赵龙（上海师范大学）等一众优秀青年学者（以上按姓名拼音排序）接受我的邀请并鼎力支持，一起完成了这项大工程。

我们也知道，坊间已经有很多种宋史普及读物，我们新增这一丛小草，希望它也有长久的生命力。我们贡献全力，虽然通俗，但不媚俗，文字尽量有趣，但是绝不流于戏说，希望能为您的读书生活增添一点真正的趣味。当然，高人雅士，亦望教导指出书中不当之处。您开卷展读之时，希望我们12人没有辜负您，也没有浪费您宝贵的时间，更愿读者诸君与我们一起走进宋朝，知宋，谈宋，理解宋。

耿元骊

2024年3月25日于开封开宝寺塔旁博雅楼

目 录

总　序　宋朝往事，如在眼前　　001

引　子　　001

第一章　孩童时代　　006
　　一、唐相之后　　007
　　二、出生成谜　　010
　　三、随母葬父　　014

第二章　科场得意　　022
　　一、立志苦读　　023
　　二、进士登第　　034
　　三、复姓归宗　　045

第三章　仕才初露　052

一、声名鹊起　054

二、河朔吟　059

三、范公筑堤　072

四、睢阳上书　082

第四章　从容进谏　091

一、废后风波　092

二、再谪姑苏　100

三、开封府尹　112

第五章　朋党争竞　122

一、意气相争　123

二、朋党论　130

三、出守饶州　137

第六章　花发帅才　148

一、边声连角　149

二、三川口　156

三、仁帅敌畏　167

目 录

第七章　庆历风云　　　　　　　　　　　180
　　一、宋夏和议　　　　　　　　　　　181
　　二、庆历官制　　　　　　　　　　　186
　　三、盟友富弼　　　　　　　　　　　202

第八章　诗文革新　　　　　　　　　　　211
　　一、西昆酬唱　　　　　　　　　　　214
　　二、兴复古道　　　　　　　　　　　221
　　三、明体达用　　　　　　　　　　　229

第九章　壮士暮年　　　　　　　　　　　242
　　一、邓州随想　　　　　　　　　　　243
　　二、《岳阳楼记》　　　　　　　　　249
　　三、范氏义庄　　　　　　　　　　　261

尾　声　　　　　　　　　　　　　　　　272

后　记　　　　　　　　　　　　　　　　286

引 子

唐朝末年,政治斗争愈演愈烈,自然灾害频发,在河南濮阳县、范县以及山东菏泽等地,先后爆发王仙芝和黄巢领导的农民起义。广明元年(880),黄巢农民军占领唐王朝的都城长安(今陕西省西安市),建立"大齐"政权,取年号为"金统"。这场农民起义历时约10年,最终以黄巢在泰山狼虎谷自杀身亡而告失败。在这支农民军里,有一位宋州砀山(即今安徽省砀山县)的将领名叫朱温。他于中和二年(882)叛变投唐,被唐僖宗任命为高级将领,并赐名"全忠"。后来,他因参与镇压农民军有功,被封为梁王,成为唐末最有权势的武装割据力量。羽翼日渐丰满的朱温，不再满足于做一方诸侯，于天复四年（904）在河南洛阳杀了唐昭宗，立昭宗的儿子李柷为帝，即唐哀帝。3年后，朱温连这个傀儡皇帝也不要了，直接逼其退位，自立为帝，国号为梁，改元开平，是为梁太祖。从此，中国历史即进入五代十国时代。

后梁的建立，意味着中国古代自唐王朝以来的统一局面被打破，古代中国被重新分裂，乱世再现。所谓"五代"是指：后梁、后唐、后晋、后汉、后周；"十国"是指：前蜀、后蜀、吴、南唐、吴越、闽、楚、南汉、南平（又称"荆南"）、北汉。"五代"各割据政权都在北方，而"十国"当中除北汉在今天的山西附近外，其余9个割据政权都在南方。

五代十国之乱持续了50余年。这一时期的士大夫，或许是中国古代最为难堪的。这个群体也基本分裂为两类：一类依然秉持传统，向往功名，追求"学而优则仕"；另一类则与之截然相反，他们选择了消极避世，隐居于山水间，不断净化自身道德，追求宁静的生活。然而现实世界里的政权更迭有若走马观花，令人眼花缭乱，致使君臣之谊十分淡薄，士大夫不知该如何做一个王朝的忠臣。当旧主被弑之时，他们未尝在意，反而心安理得地拥立新主，毫无亡国丧君之痛，以至于后代正统史家评说冯道之流时，认为他们"廉耻丧尽"。

显德七年（960），后周皇帝的侍卫长赵匡胤在陈桥（今河南省新乡市封丘县东南）发动兵变，取代后周称帝，以开封（今河南省开封市）为都城，改国号为宋，史称北宋。从此，中国历史上迎来了一个独特的王朝。开宝九年（976），宋太祖驾崩，他的弟弟赵光义受遗诏即位，是为宋太宗。他一面向南继续施压，使南唐陈洪进及吴越钱俶相继上表归顺，一面向北进攻北汉，使刘继元奉表投降，从而结束了五代十国藩镇割据的混乱局面，一个盛世即将来临。

宋太祖、太宗为避免武人割据的历史乱象重演，防止自己创立的王朝像五代各国一样短命，选择了国策转变，由重武转向重文。宋太祖、太宗在位期间，开创和完善了各项典章制度，奠定了宋代政治、经济、文化以及军事等各项制度的基石，成为宋人的"祖宗之法"。"重文抑武"治国方略的实施，使宋代科举考试得以"扩招"，读书人以"将相本无种，男儿当自强"的勇气，奉行"万般皆下品，惟有读书高"；相信只有"少小须勤学，文章可等身"，才能实现"朝为田舍郎，暮登天子堂"的梦想。

宋代的统治者主张"与士大夫共治天下"，客观上将读书人聚集在统治者周围，不仅使中国古代文人政治走向极致，还促成了宋代士大夫群体凝聚意识的越发自觉。他们是社会和政治的精英，学养普遍较高。他们以舍我其谁的豪情，期待以天下为己任的理想能够实现，从而展现出不计个人得失的风范。他们的思想智慧和精神血脉已经深深融合于中华民族的血液中，而范仲淹则是他们的典范。他所追求的"先天下之忧而忧，后天下之乐而乐"精神，是宋代士大夫思想境界的一种折射，深深感动着后人，并对后代士大夫的群体规范影响深远。

历史是人类创造并记载的，任何历史事件都离不开历史人物的活动。钱穆先生曾说过："历史是人事的记录，必是先有了人才有历史的。"认为"要研究历史，首先要懂得人"。历史人物或因得志功成，有所作为，成为历史星河中耀眼的明星；或失意落寞，虽有所成就，终究成为成功者的陪衬。就历史人物研究的要义而言不外乎两个面向：一是重建历史人物的历史事迹，二是给予这些历史事迹以合理的解释。由于历史人物已然成为历史，今天的研究者不可能直接与之面对面交流，而主要是通过阅读既有历史文献，运用正确的历史观，对其进行辩证分析和恰当评价。

《左传·襄公二十四年》曰："太上有立德，其次有立功，其次有立言。虽久不废，此之谓不朽。""立德"指的是一个人的道德操守，"立功"是指一个人的事业功绩，"立言"是指著书立说

引　子

传诸后世。因此，古人往往从立德、立功、立言三个层面来评判一位历史人物的功过是非。范仲淹生于宋太宗年间，于宋真宗时初露政坛，至宋仁宗时才干得到充分展现，从政时间大约40年。梳理他的一生可以发现，无论高居庙堂，或是谪贬地方，甚或镇守边陲，其文治武功乃至文学，俱为卓著。他的嘉言懿行，时人称颂，后世敬慕，正所谓"不朽"也。

历史是源，文化是流，伟人是魂。历史、文化与伟人共同塑造了一个国家或民族的精神风貌。作为历史研究者，我们在面对范仲淹这样的历史人物时，必须以谨慎的态度，把学术的变成普及的，让历史走向大众。因此，笔者非常期待通过撰写范仲淹及其所生活的时代，梳理中华历史的古老悠远，解读中华文化的渊源有自，弘扬优秀历史人物的爱国主义传统。让我们向先贤致敬，向他们坚持操守、和而不同的君子风范致敬；向他们无所畏惧、勇立潮头的英雄气概致敬；向他们家国至上、先忧后乐的博爱胸怀致敬！

第一章

孩童时代

989年，是宋太宗端拱二年。"端拱"是宋太宗使用的第三个年号，使用一年有余，随即改为"淳化"。正是在这一年，一个婴儿呱呱坠地。周围的邻居没有人能预料到，这个婴儿日后会"在布衣为名士，在州县为能吏，在边境为名将，其材其量其忠，一身而备数器"，在北宋中期的政治舞台上大放异彩，卷起庆历风云，革新宋代文坛，"求之千百年间，盖不一二见"，最终名垂青史而被后人永远纪念。他就是北宋著名政治家、思想家和文学家范仲淹。

第一章 孩童时代

一、唐相之后

据《宋史·范仲淹传》记载，范仲淹乃唐代宰相范履冰的后代。范履冰，生年不详，怀州河内（今河南省沁阳市）人。《旧唐书》《唐会要》等文献记载，范履冰曾担任唐太宗的弟弟周王李元方王府的户曹，因文辞出众，被武则天召入宫中。经常与刘懿之、刘祎之、周思茂、元万顷等人一起，成为武则天的私人智囊团成员，被当时的人称为"北门学士"。

"北门学士"诞生于唐高宗时期，在唐代官僚体系中是一个特殊的存在。它没有正式的官品和额定的官员配比，也没有固定的办事机构和明确的职权。一般由皇帝挑选，主要是才思敏捷、学富五车、善于文辞的中下级官员。他们被选中后来到宫内，表面上是侍奉皇帝吟诗唱和、附庸风雅，实际上承担草拟诏书诏敕、参与政事决策，是皇帝的亲信和智囊团。

"北门学士"因"北门"而得名。按照唐代制度规定，大臣们在早朝之后，如果到内宫参加一些会议，必须从宫城南门进出，而范履冰等人则可以从北门出入。北门实际上是指大内北门，也就是太极宫北门。这里紧靠皇帝的内廷，有重兵把守，历来与南衙井水不犯河水。《大唐新语》卷二记载了这样一则故事：

贞观十五年（641），宰相房玄龄和高士廉同行，路上遇到少府少监窦德素，问道："北门近来有何营造？"窦德素把这件事告诉了唐太宗，唐太宗就责问房、高二人："你们只要知道南衙的事情，我北门小小的营造，关你们什么事呢？"房、高二人向唐太宗下跪道歉。魏徵听到这件事后，觉得匪夷所思，就向唐太宗进谏说："我不理解皇上为何责怪房、高二人，也不理解他们为什么要向您致歉。身为大臣，就是您的股肱耳目，宫内有所营造，为何不能过问呢？"唐太宗无奈，只好接受了魏徵中肯的批评。《隋唐嘉话》卷下记载，武则天当政时，宠臣薛怀义势倾朝野，王公大臣也不放在眼里。有一天上朝，薛怀义碰见宰相苏良嗣不但不行礼反而表现得傲慢无礼，苏良嗣大为光火，便命令下属左右牵拽住薛怀义，狠揍了他一顿。后来武则天知道了这件事，劝说薛怀义："阿师当向北门出入，南衙宰相往来，不要侵犯他们。"

从上面的两则故事可以看出，北门与南衙相提并论。北门主要是宦官出入之地，智囊团成员从这里进出，可以避免宰相的耳目，从而达到皇帝通过他们分化宰相之权的目的。而宰相们也视出入此地的人为眼中钉、肉中刺，二者水火不容。

在"北门学士"当中，范履冰与周思茂深得武则天喜爱，"政事损益，多参与焉"。垂拱元年至四年（685—688），范履冰

第一章 孩童时代

先后出任鸾台（门下省）侍郎和天官（吏部）侍郎，升任春官（礼部）尚书、同凤阁鸾台（中书门下）平章事，兼修国史。后因自己举荐的人参与谋逆而获罪下狱被杀。

关于范履冰被杀的时间，几种史料记载不一。《旧唐书》《新唐书》的《范履冰传》说是载初元年，也就是689年；而《新唐书·则天皇后纪》则说是天授元年五月，即690年；司马光著《资治通鉴》记载的是天授元年四月丁巳，即690年四月。综合比对以上文献记载，《旧唐书》和《新唐书》的《范履冰传》所记的时间应该是范履冰被捕入狱的时间，并不是被杀的时间。

范履冰被杀后，根据律法，其家眷被逐出都城长安，流落到邠州三水县（今陕西省咸阳市旬邑县）的范家山。旬邑县位于渭河的支流泾河以北，而范家山居于今旬邑县丈八寺镇太慈村以东。范履冰生有三子，即范冬芬、范冬倩和范冬昌。范冬芬生子昆光，昆光又生子范正始，范正始再生范远，范远又生范隋。唐朝末年，范隋为躲避祸乱，四处迁徙避难，迁徙到南方的中吴（今江苏省苏州市）定居下来。他就是范仲淹的高祖父。

范隋曾担任幽州良乡县（今北京市房山区良乡镇）主簿，咸通十一年（870），出任处州丽水县（今浙江省丽水市）县丞，举家渡过长江，住在苏州雍熙寺后面的灵芝坊，后因北宋著名隐士侍其沔居住于此,遂改名"侍其巷"(位于今江苏省苏州市姑苏区司前街南端西侧)。这两个地名,在南宋时人范成大修纂的地方志《吴郡志》里均有记载。

范隋生有三子,分别是长子范梦龄、次子范均、幼子范壤。范梦龄是吴越国中吴军节度使钱文奉的幕僚,因德行才华而为江南的知识分子和老百姓所熟知,曾任苏州粮料判官,有心北归,无奈中原战乱,最终决定留在吴县。范梦龄又生有五子,分别是范浩谟、范光谟、范琮、范琪以及范赞时。范赞时即范仲淹的爷爷,自幼聪慧,9岁时参加神童试,任职秘书监,掌管皇家图书,曾在《春秋》及历代史书的基础上,编撰了一部类书《资谈》60卷(一说61卷)。范赞时生有四子,分别是:范坚、范垌、范墉及范埙,四人均为吴越国的官员。第三子范墉即范仲淹的父亲,字维成,号果亮,于后晋天福二年(937)出生,是吴越国主钱俶的幕僚,为其谋划国事。太平兴国三年(978),跟随钱俶归顺北宋,并谋得官职。

二、出生成谜

归宋后的范墉,先后在成德军(即真定府,治所在今河北省石家庄市正定县)、武宁军(即徐州,治所在今江苏省徐州市)

第一章 孩童时代

任节度掌书记。也有记载表明范墉还曾任职武信军（即遂宁府，治所在今四川省遂宁市）节度掌书记。节度掌书记属于幕职官，是宋代沿用唐末五代节度使、观察使属官之名而来。唐代，州一级的长官有节度使、观察使、防御使和团练使等。北宋建立后，州被划分为都督州、节度州、观察州、防御州、团练州及军事州等6个等级。出于削弱地方权力的考虑，这些官职徒有虚名而无实职。他们在州里，一般不会干预州县政事，但其属官比如节度推官、节度判官、节度掌书记以及节度支使等，则会参与处理州政事务。节度掌书记的官阶在宋初时候为七品，工资收入与高等级的县长官相当。

范墉归宋后长达十几年的时间里默默无闻，尽管有史料表明他可能在北宋都城开封担任过京官，但可以确定的是，他在节度掌书记的职位上徘徊多年，仕途晋升不畅，终日郁郁寡欢。范墉所遭受的打击远不止仕途不顺这一项，在出任成德军节度掌书记数年后，原配陈夫人因病去世。他与陈夫人共生育四子和二女，其中二子夭折，两女也均已出嫁，身边还有范仲温和范仲滋，尚年幼，生活的艰辛可以想见。

范仲淹并非陈夫人所生，他的生母后文再表。今天的研究者对于范仲淹祖籍在陕西邠州的说法基本没有争议，认为范仲淹在他写给他哥哥的信件中所说"我本来是北方人,北方人淳厚"属实。不过,范仲淹的出生地在哪儿,却成为历史之谜。梳理文献记载及既有的研究成果可以发现,一部分研究者认为范仲淹出生于今江苏省徐州市,这一结论的始作俑者是南宋时人楼钥。他编撰的《范文正公年谱》记载:"端拱二年己丑秋八月丁丑,公生于徐州节度掌书记官舍。"意思是说:端拱二年(989)农历八月二十九日(公历10月1日),范仲淹出生于徐州节度掌书记的住所。而楼钥之所以会如此描述,主要是根据范仲淹生前挚友欧阳修撰写的《资政殿学士户部侍郎文正范公神道碑铭》以及富弼撰写的《范文正公仲淹墓志铭》。在《资政殿学士户部侍郎文正范公神道碑铭》里,欧阳修说:"范仲淹的父亲随从钱俶奉表归顺北宋,后来出任武宁军节度掌书记,并死于任上。"在《范文正公仲淹墓志铭》中,富弼说:"范仲淹的父亲范墉在端拱初年,跟随钱俶投宋,最后死于武宁军节度掌书记任上。"这两份文献里,都没有能证明范仲淹是出生在武宁军节度掌书记住所的文字,而令人费解的是,楼钥居然根据这些文字理所当然地认为范仲淹是在徐州出生的。今天的一部分研究者也跟着以讹传讹、人云亦云了。

另有一部分学者经过考证后认为,范仲淹出生于河北真定

第一章 孩童时代

（今河北省石家庄市正定县）。这一结论的得出，实赖范仲淹写给自己老友韩琦的《与韩魏公书》。在这封信里，范仲淹这样说道："真定府是地方重镇，我出生在那里，但自记事以后，却一直没有去到那里快意地欣赏当地风光。"从这样的表述里，我们可以读出范仲淹对出生地的怀念。对于自己出生地的描述，我们还可以从《移苏州谢两府启》里看到。在这封信里，他提到自己"生于唐虞"。"唐虞"是上古神话传说中唐尧和虞舜的并称，他用"唐虞"泛指河北；换句话说，范仲淹出生在河北。范仲淹之所以笃定自己的出生地在河北，就不能不提到他的生母谢氏了。

谢氏是河北正定人，出生于高平村（今属曲阳桥乡）的谢宅。谢氏的父亲是个员外，家境算是殷实。据说，谢氏属于员外老来得女，而谢氏出生当天正是观音菩萨的诞辰日，所以老员外就给谢氏取名为观音。谢观音是老员外的独生女，但不知什么原因（一说是因为谢氏择偶标准比较高，要求男方入赘并改为谢姓），导致她在26岁左右时，仍然没能完成婚姻大事。原本，范墉与谢观音在生活中并无交集，一边是待字闺中的老姑娘，一边是郁郁不得志的中下级官员。但在好事者的撮合下，二位机缘巧合地走在了一起。

三、随母葬父

已过知天命年纪的范墉因为谢氏的出现,感觉自己的生活迎来了新曙光,随后范仲淹出生了,这着实让范墉享受了一段时间的天伦之乐,只是这样的幸福生活并未持续多久。淳化元年(990),也就是范仲淹出生后的第二年,范墉被调往徐州,出任武宁军节度掌书记,上任不久即染病去世,因此《宋史·范仲淹传》说范仲淹在这一年成了一个没有父亲的孩子。此时的谢氏,想必是悲痛欲绝。好不容易解决婚姻大事,嫁给了一位当朝官员,也生得一子,正憧憬着美好幸福的生活时,迎来的却是丈夫得了传染病,一命呜呼。来不及伤感世事无常,眼下最紧要的事情就是安葬范墉的灵柩,也就是如何归葬苏州的问题。

在儒家思想中,生与死对每个人来说只有一次,因此要遵照礼俗妥善安置,善始善终。就像《荀子》一书所云:"礼者,道于治生死者也。生,人之始也;死,人之终也。终始具善,人道毕矣。"这里,荀子并没有去探究生死的终极问题,而是关切人生和死亡的价值,也由此形成中国古代独特的丧葬礼俗。在丧葬礼俗中,有一个重要的环节,即"归葬"。

所谓"归葬",是指人死亡后还葬于家乡的祖茔。中国古人对死亡的最大愿望就是希望能寿终正寝,即在家中的正室内正常死亡,如此则是最吉利的。这也就是《礼记·丧大记》所记载的:"男子不死于妇人之手,妇人不死于男子之手。君夫人卒于路寝,大夫世妇卒于适寝,内子未命,则死于下室,迁尸于寝,士之妻皆死于寝。"中国古代对葬期也作出规定,比如《礼记·礼器》说:"天子驾崩了,要搭建灵堂,把棺柩放在里面七天,七月下葬;各地的诸侯死后需要把棺柩放置在灵堂里五天,然后五月下葬;官员和普通人死后放置三日,三月或超过一个月下葬。"这里所提到的"路寝""适寝""下室"等都是正室的意思。

由于古代交通不发达,人口流动的频率及范围远不及今天,但外出经商或做官以及当兵打仗的人还是不在少数,这些远游他乡的游子若是客死他乡时,大多会面临是否归葬的问题。就字面意思而言,归葬强调"归"和"葬"的过程;换句话说,就是当一个人亡于他乡,才会产生归葬的行为。受到儒家孝道思想的影响,人们往往对家乡和家族特别认同,希望死后能够落叶归根,形成特殊的"归葬"习俗,并影响至今。

范氏祖茔现为江苏省级文物保护单位,在今天的苏州天平山,该山位于苏州古城的西南方向,靠近太湖,有"吴中第一山"以及"江南胜景"等美誉。据说,天平山原来由群山拱卫,山上乱石林立，范氏祖茔的地理位置，根据风水学说，是"五虎扑羊""乱箭穿胸"的地方，不宜作墓地。然而，范氏祖茔建成后，天平山上的乱石变成朝笏（宋代官员上朝时拿在手中的记事板片）状，被当地的老百姓呼为"万笏朝天"，这片林子因此得名"万笏林"，成为天平山上的一道奇景。

谢氏或许出于对先人的孝道和对范氏家族的认同，毅然选择将范墉从徐州归葬于600公里外的苏州范氏祖茔。在这一过程中，谢氏首先需要面对的就是一笔不菲的丧葬费用。虽然我们今天已无法知晓宋代人用于丧葬费用的具体数字，但有现代研究者认为："宋代官员的丧葬费用至少是100贯，普通百姓的丧葬费用一般为数十贯，多不过300贯。"在宋代，一贯铜钱是1000文铜钱，折算为人民币约300元，100贯也就是3万元。这说明宋代的丧葬费用比较高，一般的家庭难以承受这样的支出，而遇到归葬时，所耗费的人力和物力更多，自然费用也更高。范墉生前不过是七品官员，薪资也不是很高，我们可以由此想象，谢氏选择归葬范墉是下了很大决心的。

由于范墉归葬的文献留存极少，在谢氏归葬范墉的路途上还遇到哪些艰难困顿，今天我们也无从得知，但根据史料记载，谢氏最终还是成功地将范墉归葬于范氏祖茔，范仲淹也因此随母亲

第一章 孩童时代

谢氏在苏州住了一些时日。失去了丈夫，意味着谢氏失去了靠山和经济来源，需要独自抚养范仲淹了，母子二人在苏州范氏家族里的地位也变得窘迫起来。而根据《范文正公年谱》的说法，在范墉去世后，谢氏因贫穷无依靠，改嫁淄州长山朱氏；《宋史·范仲淹传》也支持这一说法，并进一步说道，他的母亲改嫁长山朱氏后，范仲淹也随之改姓朱，取名叫说。

谢氏为何要带着幼年范仲淹改嫁呢？改嫁的对象朱氏又是谁？第一个疑问需要先从楼钥编的《范文正公年谱》说起。楼钥，字大防，自号攻媿主人，鄞县（今浙江省宁波市）人。大约生活于南宋高宗至宁宗时期。贯通经史，写得一手好文章。因为特别敬仰范仲淹的勋德，所以立愿为其编制年谱；谱成后，又请范仲淹的五世孙范之柔进行校正并补遗。这份《年谱》的记事编年，从范仲淹出生那一年开始，然后直接到20岁，这18年，范仲淹经历了怎样的人生？谢氏母子在苏州范氏宗族内，又经历了什么？具体的细节，虽早已淹没于历史的尘埃之中，但谢氏最终选择再嫁长山朱氏是不争的历史事实。值得注意的是，范仲淹为其同父异母的哥哥范仲温死后所作的《太子中舍致仕范府君墓志铭》里曾这样写道："范仲温是父亲的第二个儿子，出生在京城。父亲去世后，返回苏州，与宗族里的从兄弟们一起生活。"又写到范仲温在苏州的范氏宗族里生活时,"服勤素业,孝悌于门中"。意思是说他做职务内的事很勤劳,认真读书,善事宗族内的兄长。

这两句话为后人留下了无限的想象空间,再结合《范文正公年谱》所记载的谢氏"贫无依",我们不妨这样大胆推测:范墉在未去世前,与苏州范氏族人的关系或许并不那么亲近;因为范仲温是范墉与原配陈夫人所生,属于嫡出,即使如此,范仲温在宗族内也是谨小慎微,不敢出格;谢氏非范墉明媒正娶,范仲淹也不过是谢氏所生的庶子。因此,当谢氏带着范仲温、范仲淹扶柩归葬范墉时,范氏族人选择了收养范墉原配陈夫人所生的范仲温,而对谢观音及范仲淹并不热情。这种冷淡背后所折射出的是:在传统宗族社会里,庶子的地位比不得嫡子,这是常态。而出于遵守礼法为范墉守孝的实际需要,谢观音也许向范氏族人提出过在宗族内待上3年的请求,但被范氏拒绝了。谢氏母子在这个宗族内找不到存在感,更找不到继续待下去的理由,于是母子二人只得寄居于天平山下的咒钵庵。

相传,咒钵庵的得名与东晋十六国时期后赵的高僧佛图澄的方术有关。据《晋书·佛图澄传》记载,佛图澄本是龟兹(在今新疆维吾尔自治区库车市一带)人,俗姓帛。于永嘉四年

(310），到达洛阳准备建立寺庙，宣扬佛学。大兴二年（319），石勒建立了后赵政权，佛图澄乘受石勒、石虎叔侄二人召见的机会，用一个钵盛满水，然后焚香念咒，顷刻间，钵中生长出一朵光彩夺目的青莲，令石氏大为惊叹，奉为"大和尚"。此后，在今河北、河南、山东、山西、陕西、甘肃、安徽、江苏及辽宁等地建立了数百座寺庙。

咒钵庵本是学佛的场所，或许是庵内的清净氛围，使谢氏得以暂时忘却在范氏宗族内的种种不快，可以抚慰受伤的心灵，也渐渐释放压抑许久的情绪，思念已在天堂的丈夫。又或许，现实的残酷让谢观音生发出家之心，想了断尘缘，安心学佛；而庵内的得道高僧建议她认真考虑，最终谢氏选择了在尘世继续修心。回到现实中，谢氏为了抚养尚在襁褓中的范仲淹以及继续生活，选择改嫁不失为一条理性的出路。

关于第二个疑问，我们可以在《宋会要辑稿》的"仪制"部分找到一点答案。这本书里记载了庆历五年（1045）四月四日，范仲淹出任邠州知州时，向宋仁宗上了一份奏章，名为《乞以所授功臣勋阶回赠继父官奏》。在这份奏章里，范仲淹说道："臣家遭遇不幸，出生不久后即丧父，与母亲相依为命。我的继父是淄州长山县令朱文翰，从小受到他的养育和教导之恩。"从这份奏章所言，我们知道范仲淹的继父，也就是谢氏改嫁的对象是朱文翰。朱文翰，字苑文，长山人。端拱二年（989）考中进士，曾任平江府（今江苏省苏州市）推官、安乡县令、淄州长史、长山县令等官职。

历史往往有着令人惊讶的巧合。虽然史料所记朱文翰是长山人，但是这个长山又是哪里的长山呢？南宋名臣丁黼曾写过《池州范文正公祠堂记》，这篇记文专门记载了范仲淹在长山的经历。其中有这样一段话：

> 池州虽不是范仲淹任官的地方，但也建有祠堂祭祀，是因为他在长山朱氏家族长大。《宋史·范仲淹传》以及欧阳修所写的《神道碑》都说，范仲淹两岁时丧父，母亲贫困无依靠，改嫁长山朱氏。其实人们并不知道长山是什么地方，朱氏是什么人，范仲淹又在他家生活了多久。浙江天台（实为黄岩，也就是今天的浙江省台州市黄岩区）人丁木出任池州青阳县令期间，在工作之余，探访先贤遗事，不禁心生感慨与羡慕。长山距离青阳县仅十五里之遥，朱氏族裔还健在，于是登门拜访，求得范氏族谱以及谢观音的画像，并请学识渊博的人考镜源

第一章 孩童时代

流。

记文里所提到的长山，位于今安徽省池州市贵池区西北郊，往东是九华山，南边是石台县，而丁黼正是石台人。南宋绍定二年（1229），浙江黄岩人丁木出任青阳县令，为范仲淹立祠，请丁黼题记。上述记文作于是年九月二十二日。这篇记文可以证明，朱文翰是青阳长山人。谢氏改嫁朱文翰后，就带着范仲淹回到了这里生活。南宋时的宰相吴潜曾作《文正范公祠》诗两首，其中一句云："长山溪畔蓼莪青，想见当年念母情。"当地人为了纪念范仲淹曾在这里读书，把长山更名为"读山"。

由青阳县长山北上900余公里，可以到达另一个长山，即长山县（今属山东省邹平市）。宋真宗景德元年（1004），朱文翰任职淄州长史；数年后，调任长山县令，并在此职位上退休。退休后的朱文翰并未返回青阳老家，而是在长山县安了家，并取得长山户籍，成了长山朱氏宗族的始迁祖。谢氏母子也因朱文翰不断任职调动而一路随行，也正是在这里，范仲淹立下了"不为良相，便为良医"的远大志向。

第二章
科场得意

　　南宋吴曾《能改斋漫录》记载了这么一则故事,说范仲淹尚未出名时,有一次去一个据说很灵验的神祠求签,问祠神他以后能不能做到宰相,求签的结果是不可以。范仲淹又求了一签,问道如果不能做宰相,能不能做一名医术高明的医生?求签的结果仍然是不行。于是他长长叹了一口气,自言自语道:"不能为天下苍生造福谋利,不是大丈夫生平该做的事情。"后来,有人问范仲淹:"大丈夫立志做宰相,是理所当然的事。您又为何愿意做医术高明的医生?这会不会有些卑微呢?"他的回答是这样的:"怎会呢?古人常说:'经常善于用人,就不会有被遗弃的人;经常善于用物,就不会有被废弃的物品。'真正有才志的大丈夫,固然期待自己能辅佐圣明的君主治理天下。哪怕有一位百姓没有受到恩泽,就好像自己把他推入沟渠中一样。要做到惠及天下的百姓,只有宰相能做到。既然将来不能做宰相,那么要想实现普惠万民的愿望,最好的途径就是做一名医术高超的医生。如果能成为一名医术高明的医生,上可以为君王治疗疾病,下可以挽救苦难民众的身体,同时也可以使自己身体康健。在民间,能做到普惠苍生的,除了医术高明的医生,就没有别人可以做到了。"这就是后世广为流传的"不为良相,便为良医"的典故出处。由此可见少年时期的范仲淹,即立志要造福天下百姓。

一、立志苦读

在少年范仲淹的心里,辅佐贤君治理天下和学会医术拯救苍生是一个道理,二者之间是相通的,也是古代圣贤安身立命的理想。为了实现这样的理想,范仲淹选择了苦读。在进士及第以前,范仲淹的读书地随着继父朱文翰的不断调任而变化,主要有澧州安乡、博山秋口、长白山醴泉寺以及应天书院。

至道二年(996),朱文翰接到调令出任澧州安乡县令,谢氏也带着时年7岁的范仲淹随之来到了安乡。经过简单的安顿后，范仲淹便在洞庭湖畔的太平兴国观（简称"兴国观"）附近孜孜不倦地读书，数历寒冬酷暑。

根据宋人任友龙撰写的《澧州范文正公读书堂记》，在范仲淹成名之后，安乡当地人为了表达对范仲淹的敬慕之情，在兴国观旁修建了范仲淹读书堂，并绘像祠祭。可惜后来毁于战乱。南宋庆元元年（1195），地方官范处义任职湖南，因陋就简，在兴国观侧面复建，随后也日趋衰败。宝庆元年（1225），澧州最高长官董与几认为，贫贱时立下大志、问学精勤的人，莫过于范仲淹；名节不屈并成就伟大功业的人，也莫过于范仲淹，是世人学习的宗师。为提升范仲淹及读书堂在当地的影响力，他在澧州城郭附近异地重建读书堂，以示纪念，这就是后来的东溪书院。

清代《安乡县志》记载，明朝末年，读书堂及兴国观因战火而遭焚毁。雍正元年（1723），安乡知县王基巩下令，通过社会募捐的方式筹集资金，在原址重建。重建后的读书堂位于兴国观的东隅，俯瞰澧水，梁山、药山位于读书堂的前方，大鲸、西湖在其侧方交汇。从堂前放眼数百里，地势开阔，甚是明朗。如今，兴国观里雕梁画栋的建筑和金光熠熠的大小菩萨，早已湮没不存。其遗址位于今湖南省常德市安乡县城关镇砖厂外沙滩附近

第二章 科场得意

书院洲国家湿地公园。

在兴国观读书期间，范仲淹遇到了一位重要的启蒙老师——司马道士。司马道士，其名失考。鉴于史料所载，范仲淹"泛读六经，尤长于《易》"，我们不妨大胆推测，这位司马道士应该是饱学之人，精于易学，具有长者风范。他非常喜爱这位用功苦读的范仲淹，并将他所知道的学问倾囊相授。范仲淹晚年时，曾在很有名的一篇文章《道服赞》里，称赞友人"清其意而洁其身"。认为道家之人在穿着上应衣冠楚楚，穿上道服后飘逸若仙，十分逍遥。晚年范仲淹对道家之学的钟情或许源于司马道士。

咸平元年（998），范仲淹随朱文翰北归，到达博山秋口，在这里读了6年书。博山，古时称"颜神"，因周朝时孝妇颜文姜而得名。传说当时的凤凰山下，有一户郭姓男子娶了美若天仙的妻子颜文姜。婚后不久郭姓男子去世了，颜文姜承担了侍奉年迈的婆婆、抚养尚未成年的小姑的重担。不过，居住地水源不足，而年迈的婆婆喜欢喝甘甜的泉水，于是颜文姜每天不辞辛劳，翻越险要山路，到十几公里外的地方打泉水回家。

有一天，神仙泰山奶奶听闻颜文姜的孝行，将信将疑地变成一个骑马的老人家试探她的孝心。等到颜文姜打水归来，看到她前后各担一桶泉水，于是泰山奶奶求她给点水喂马。颜文姜答应了她的请求,卸下水桶,把后面的一桶泉水递给了泰山奶奶。泰山奶奶问颜文姜:"为什么要把后面水桶里的泉水给我,而不是前面水桶里的泉水呢?"颜文姜回答道:"前面这桶泉水是专门给我婆婆用的,后面那桶是我自己喝的,所以我就把后面一桶泉水给您了。"泰山奶奶被颜文姜的孝行所感动,临别时,把马鞭子赠给了颜文姜,并告诉她:"以后如果想要喝泉水的话,只要将马鞭子挂在水缸里,微微用力一提就可以有水了,但一定要记住不能用大力气把马鞭子提出水缸外面,否则就要暴发洪水。"颜文姜谢过泰山奶奶,回家按照泰山奶奶的要求照做,果然很灵验。她非常高兴,终于可以不用再赶山路担水了,小心翼翼地把水缸和马鞭藏好,以便随时使用。

后来有一天,颜文姜的婆婆告诉她可以回娘家探望自己的家人,颜文姜自然十分高兴,谢过婆婆,安排好家务事后就兴高采烈地回娘家了。可是,未成年的小姑看到颜文姜回娘家非常不高兴,自己悻悻地去水缸打水时,发现水缸里居然有一条马鞭子,就更生气了,于是取出马鞭子猛地一抽,突然,只听见一声巨响从水缸里发出,水缸变成了一股汹涌的洪水。这时,颜文姜尚未走出多远,听到巨响是从自己家方向传来的,就拼命地往回赶,用身体堵住了洪水。从此以后,颜文姜用身体堵住水缸洪水的地方变成了一口清澈甘洌的泉井,从泉井里流出的泉水汇聚成了一条河。因此,当地人就把那口井称为"灵泉",把由灵泉泉水汇聚的河流称为"孝妇河"。又在"灵泉"边建了孝感灵泉庙,世代祭祀颜文姜。

博山秋口,位于今山东省淄博市博山区的城东关荆山脚下。在地势上,因两边有荆山和峨山相对而开,两山之间有一峡谷,称之为秋谷。这里绿树成荫,曲水环绕,环境幽静。山上还有座寺庙叫荆山寺,晨钟暮鼓之声定时回荡于山谷之间。到达博山后的范仲淹,即在此继续苦读。

景德元年(1004),朱文翰调任长山(即今山东省滨州市邹平市)县令,范仲淹与其母谢氏随迁。在长山县南,有一座山叫长白山,因常年有白云盘绕山巅而得名。山势峻拔,绵延数十公里,重峦叠嶂,号为"泰山副岳",又被人们称为"小泰山"。历史上,邹平长白山远不如东北长白山有名气,但由于隋朝末年声势浩大的农民战争最初爆发于此地而在历史上留下了痕迹。其领袖王薄活跃在这个地方,反抗压迫的农民们曾创作了一首歌叫《无向辽东浪死歌》。

在这座景色宜人的长白山中,坐落着一座寺庙名为醴泉寺,是南北朝时期一位法号庄严的僧人创建,初名龙台寺,一度衰败。唐中宗李显在位期间，僧人仁万重建此寺，因寺庙落成当日，寺院旁有一泉喷涌而出，后被唐中宗赐额"醴泉"，于是改名叫醴泉寺。到达长山后的范仲淹，在其继父朱文翰朋友的推荐下，进入醴泉寺继续读书。断齑划粥和窖金捐僧的故事即发生在这座寺庙里。

在这里，范仲淹又遇到了另一位重要的老师——醴泉寺住持慧通法师。慧通法师有着高深的学问，也非常喜欢眼前这位少年，在生活中时时接济他，学业上经常向他传授《易》《左传》《战国策》《史记》等经学和史学知识，此外，还经常教授范仲淹诗词歌赋，让范仲淹甚是受益。不过，范仲淹却遭到寺院里一些小和尚的嫉妒，他们经常找各种借口戏弄范仲淹，使其无法安心读书。为了躲避这些小和尚的骚扰，范仲淹在醴泉寺南找到一个僻静的山洞。山洞虽然没有了小和尚们的喧嚣，但是填饱肚子却成了问题。在宋代魏泰《东轩笔录》和彭乘的《墨客挥犀》二书里，都记载了后来范仲淹由朝廷被贬到邠州任职时，曾深情回忆说："我以往曾和一位姓刘的少年在长白山读书。每天煮两升粟米粥，隔夜粥凝固后切成四份，早晚各吃两块。吃一些加了醋和一点点盐的蔬菜碎末。就这样度过了三年的时间。"这就是"断齑划粥"的故事来历。

第二章 科场得意

有一天,范仲淹在山洞中读兴正酣之时,两只嬉戏的老鼠突然跳进了煮粥的锅中,发出吱吱乱叫的声音。范仲淹闻声赶来,发现两只老鼠一只白色一只黄色,竟有些可爱。但锅中的粥是自己和另外一位同学一天的口粮,范仲淹必须把两只小老鼠赶出山洞外,也许是觉得赶老鼠有一些乐趣,范仲淹就尾随两只老鼠来到了老鼠洞旁,他看见洞里泛着白光,非常好奇,就找来铁锹挖开了鼠洞,发现下面居然是个地窖,里面存放着很多白银。此时的范仲淹虽然很需要钱来改善自己的贫困状态,但他最终选择分文未动,而是将地窖悄悄地复原如初,然后回到山洞里继续读书。若干年后,醴泉寺的和尚想修缮寺院,他们想到了已经是显宦的范仲淹,希望能得到他的赞助。不过,范仲淹并未直接向寺庙捐款,而是写信告诉和尚们,在寺院的某个地方藏有一罐白银,挖出来后应该可以满足修缮的费用。后来,和尚们按照范仲淹指示的位置,挖出了那罐白银,解决了修建寺院的资金问题。于是有了后来广为流传的"窖金捐僧"的故事。

随着学识的不断增长,终日苦读的范仲淹认为如果仅仅满足于书本所学,不免孤陋寡闻,为了增加自己的见识,他于大中祥符元年(1008)开始游历关中。在关中,他结识了王镐。据范仲淹后来为王镐写的《鄠郊友人王君墓表》记载,王镐字周翰,生年不详，澶渊（今属河南省濮阳市）人。也是这一年，王镐生退隐之心，向朝廷请求到终南山上清太平宫任职，获得宋真宗的批准。范仲淹到达关中后，云游至此观，拜谒王镐并与之成为忘年交。此后，他们与道士汝南（今河南省驻马店市汝南县）人周德宝、临海（今浙江省台州市临海市）人屈元应往来甚密。周德宝精于篆书，屈元应深于易学，此二人又皆抚得一手好琴。王镐平时喜欢戴着小冠（古人所戴的一种便帽，高度和宽度比一般的冠要低矮一些），穿白色苎麻织成的衣服，骑着白驴，云游于鄠县（今属陕西省西安市鄠邑区）与杜陵（今位于陕西省西安市西南）之间，或醉或歌，放荡不羁，逍遥自在。天圣五年（1027），他参加礼部试，获甲等，是年病逝，后归葬鄠县郊。

这次游历，一方面使范仲淹结识了一些极富个性的饱学之士，深刻领会了儒学和释、道的教义，开阔了自己的视野。另一方面，游历关中期间，正值该地区遭遇旱灾，范仲淹亲眼看到了底层百姓的艰难困苦，也切身感受到基层部分官员的不作为，更加坚定了他要救民于水火的雄心大志。于是游学归来后，范仲淹继续在醴泉寺苦读。

大中祥符二年（1009），范仲淹考中学究。学究本是唐代科举考试之一。在唐代，科举考试分为进士、明经等科目，而明经

第二章 科场得意

科又分为学究、三经、五经等。通过考试后,范仲淹与一众人前往拜谒姜遵,向他求教。

姜遵(963—1030),字从式,淄州长山人。咸平三年(1000),进士及第,曾做过蓬莱县尉、开封府右军巡判,后来进入朝廷任侍御史,外放出任邢州知州、京东转运使、三司副使、知永兴军等职务。此人向来以刚严著名,与人不暗通款曲,被他诛杀的人众多。天圣六年(1028),官拜枢密副使,卒于任上。

在姜遵家里,姜遵遣散众人后,单独留下了范仲淹,并把他引入中堂就座。姜遵对其夫人说了这样一段话:"朱学究(指范仲淹)虽然年纪轻轻,却是奇人。今后如果不位居高官,也必定会盛名于世。"随后,姜遵邀请范仲淹一同入座喝酒,对待范仲淹就像自己的子女一样。

大中祥符四年(1011),时年23岁的范仲淹,一路风尘赶往宋州(今河南省商丘市),进入了他心仪已久的应天书院(南都学舍)。宋州是为北宋的龙兴之地,因为后周时,北宋开国皇帝赵匡胤曾在这里出任归德军节度使。景德三年(1006),宋州被升格为应天府,大中祥符七年(1014),以应天府升格为南京,为北宋四京之一,成为北宋都城开封(东京)的陪都。距东京开封约150公里,距西京洛阳约335公里,距北京大名府约280公里。《汉书》描述宋州的百姓："有先王遗风,厚重多君子,好稼穑,恶衣食,以致畜藏。"《太康地记》也说这里的人"得中和之气,性安舒,其俗阜,其人和"。在唐代时,宋州即已十分繁华。杜甫《遣怀》诗曾这样描述宋州："邑中九万家,高栋照通衢。舟车半天下,主客多欢娱。"月下老人的故事就诞生在这里。

根据唐代文人李复言《续玄怪录》记载,杜陵(位于今陕西省西安市东南)人韦固是个孤儿,一心想着早日娶上媳妇,于是多方求婚,无一成功。唐宪宗元和二年(807)的一天,他准备去清河(今河北省邢台市清河县)求娶清河司马潘昉的女儿,因求婚心切,想尽快到达清河,不巧路过宋州时,因天色渐晚,只好借宿在宋城南店里。夜晚时分,韦固看见一位老者坐在台阶上,背靠一个布囊,在月光下翻阅一本姻缘录。老者给韦固的手腕系上了一根红绳,并告诉他将来要和相州刺史王泰的女儿结婚,后来果然应验。宋城的县令听闻此事后,给韦固住过的那家客栈题名叫"定婚店"。月下老人的故事就这样代代相传,世人咸知。

在这座人杰地灵的城里,有一座书院,名为应天府书院,与湖南岳麓书院、江西白鹿洞书院、河南嵩阳书院合称中国古代四大书院。应天府书院的前身是五代后晋时期商丘人杨悫创办的睢阳书院。大中祥符二年(1009),北宋政府将其升格为府学,由

第二章 科场得意

宋真宗赐额"应天府书院"。在应天府成为南京后,该书院又称为"南京书院"。庆历三年(1043),再改升为南京国子监,成为北宋最高学府之一,也是众多古代书院中唯一一个被升格为国子监的书院。

范仲淹格外珍惜在应天府书院的读书时光,昼夜苦读,愈加勤奋,累了就和衣而睡。有一年,宋真宗因参谒太清宫而来到南京。当地因为皇帝的驾临而万人空巷,唯独范仲淹似乎忘记这位皇帝来了。有同学问他为什么不去目睹帝王真容,他回答说以后有的是机会。欧阳修曾这样评价范仲淹:"少有大节,于富贵、贫贱、毁誉、欢戚不一动其心,而慨然有志于天下。"在这里的5年,范仲淹依然过着清贫的生活,粗茶淡饭和冷水洗面是常态。他的一位家境富裕的同学,几次看到范仲淹吃饭时只喝粥几乎不吃菜,就从家中带来一些酒菜给他,但范仲淹婉拒了同学的好意。这位同学非常不解,范仲淹对他解释说:"我已经习惯喝粥了,如果贪图一时的美酒佳肴,以后可能就没法再吃苦了。"可见,青年范仲淹有着惊人的自制力。

范仲淹曾写了一首律诗《睢阳学舍书怀》:"白云无赖帝乡遥,汉苑谁人奏洞箫?多难未应歌凤鸟,薄才犹可赋鹪鹩。飘思颜子心还乐,琴遇钟君恨即消。但使斯文天未丧,涧松何必怨山苗?"

在这首诗中,范仲淹将自己比作先贤颜回,立志成才;又引用凤鸟的典故,告诫自己要对天下苍生负责;又以孔子曾经遇到困境时所说的话,来证明自己拥有像松柏那样岿然不动的胸怀。据欧阳修《资政殿学士户部侍郎文正范公神道碑铭》记载,范仲淹在应天府书院读书时,常常念叨一句话:"士当先天下之忧而忧,后天下之乐而乐。"这句话是为范仲淹名篇《岳阳楼记》里传诵千古的名句"先天下之忧而忧,后天下之乐而乐"之源头。有志者事竟成,功夫不负有心人,在经历十数载寒窗苦读后,范仲淹已精通儒家经典要义,他胸有成竹地准备参加科举考试了。

二、进士登第

自人类社会诞生以来就一直存在一个问题,即选择什么样的人对其进行有效治理。在数千年的历史演进中,关于选贤举能的人才选拔制度逐渐构成中华文明的特殊而重要的组成部分。在古代的儒家经典《礼记·礼运》中有这样一句话:"大道之行也,天下为公,选贤举能,讲信修睦。"这句话描述的是远古时代的一种人才选拔制度。在春秋战国时期儒家学者的心目中,远古时代是一个天下为公的时代,部落首领是部落成员公认的贤能,被大家推选出来承担起领导和管理部落的职责。传说中的尧、舜、禹即他们中的杰出代表，尧把治理天下的责任传给舜，舜把天下传给禹。这在儒家学者看来是非常值得赞扬和称颂的理想制度。

在天下为公思想的引导下，把贤能的人选拔出来并充实到各级管理机构中，来辅佐君王治理天下，是古代社会一项非常重要的政治任务。事实上，要把贤能的人从芸芸众生中挑选出来并不是一件容易的事情，必须要采用某种方法通过一定的程序来实现。随着先秦时期的世袭制逐渐退出历史舞台，围绕选贤举能，产生了一系列制度设计。自汉代开始实行的察举制，又被叫作"选举制"，是中国古代官员选拔制度的最初形态。它的基本内容是，由地方行政长官在自己的管辖区域内考察一些具有真才实学的优秀读书人，推荐给郡国或者中央，经过考核合格后任命官职。

这一制度，最初源于汉高祖刘邦所颁布的一道求贤诏令。在这道诏令中，他要求西汉王朝所辖各个郡国向中央推荐具有治国才干的读书人。这被认为是开了察举制的先河，至汉武帝元光元年（前134）正式实施。察举制是在先秦百家争鸣时代"尚贤"思想的基础上产生的，在实施的过程中，首先要考察被推荐人的德行，然后再考察学问如何，主要通过孝廉、察廉、茂才、贤良方正、光禄四行（指质朴、敦厚、逊让和节俭四个方面）、孝悌力田、明经、明法以及勇猛知兵法等途径来考察。左雄、东方朔、董仲舒以及晁错等著名的历史人物，都是通过察举制被选拔出来的，对汉代的社会发展起到了一定的推动作用。

由于察举制本身还存在缺陷，在实施的过程中，又经常受到人为因素的干扰，甚至弄虚作假，假公济私，导致被选拔出来的人并非真正的治国能手，败坏了当时的社会风气。随着吏治腐败和社会动荡的加剧，东汉最终走向灭亡。察举制也沦为世家豪门操纵人才选拔的工具，门第高低成为人才选拔的主要依据。更加让人悲叹的是，以人的出身高贵与否来判定是否为人才，居然成了魏晋南北朝时期官员选拔的主要依据，并产生了九品中正制。

九品中正制，最初是由三国时期魏国创制。汉献帝建安二十五年（220），一代枭雄汉丞相、魏王曹操在洛阳病逝。也是在这一年，曹操的儿子曹丕废掉东汉末帝汉献帝刘协，自立为帝，改国号为魏，是为魏文帝。正是这一年，魏国要求在所属各州郡选出一批贤能且可以识人的人担任中正官，负责选拔辖区内的优秀人才。中正官在考察时，根据家世、品行及才能等三个方面给出被考察人的等第，共分为上上、上中、上下、中上、中中、中下、下上、下中、下下九等。中正官将考察评议的结果上报中央，而中央则会根据这份评议结论，对被考察人分别授予相应官职。此即九品中正制，又被称为"九品官人法"。

第二章　科场得意

该制度在最初实施的一段时期内效果良好，为魏国选拔了一批优秀的人才进入政府工作，使魏国人才济济，并为魏国最终统一三国提供了重要的人才保障基础。不过，到了魏国晚期以及后来司马氏创立的西晋时期，由于门阀贵族势力的强大，中正官在考察人才的时候，其标准逐渐从家世、品行及才能等三方面转为唯家世论，导致"上品无寒门，下品无士族"的景象出现。梁山伯与祝英台的凄美爱情故事正是诞生于这样的历史背景之下。九品中正制也逐渐为世家大族所把持，成为士族统治集团的政治工具。至南北朝时，随着北方北魏、东魏、西魏、北齐、北周等少数民族政权的创立，以及与南朝政权的相互对峙并存，九品中正制也走向了没落。一种全新的、更加公平合理的人才选拔制度呼之欲出。

大定元年（581），时为北朝北周的大丞相杨坚废掉了北周末帝周静帝宇文阐，自立为帝，改国号为隋，是为隋文帝。隋朝的建立，结束了古代中国长达400年的分裂割据局面。此外，还不断加强中央集权，在中央设立五省六部，以分散宰相的权力；在地方推行州、县两级行政区划制度。为清理门阀士族政治的不良影响，将官员选拔权控制在自己手中，开皇十八年（598），隋文帝诏令：在京五品以上的官员以及地方行政长官总管、刺史等，以"志行修谨、清平干济"的标准向中央推荐人才，试图寻找一种新的人才选拔制度以取代九品中正制。隋炀帝杨广在位期间，也屡次颁布诏令，突破门第限制，广泛选人。大业二年（606），隋炀帝下令创立进士科用以选拔人才，这被视为科举制的标志性事件。"进士"一说古已有之，《礼记·王制》就说："大乐正论造士之秀者以告于王，而升诸司马，曰进士。"隋炀帝欲借古意而改制，自此，由朝廷设立科目进行考试，并以考试成绩决定是否录用为官的选拔制度正式确立，这就是科举制度。在这一制度规定下，隋朝的各个州郡将选拔出来的合格者解送朝廷，这些人被称为"贡士"，此时他们还不是官员。贡士在通过朝廷组织的考试后，才被授予一定的官职。遗憾的是，这一制度尚未来得及修订完善，隋朝就灭亡了，取代它的是由李渊创立的唐王朝。

唐代的科举制度，在因循隋制的基础上进一步深化发展，真正意义上完全废除了魏晋以来的九品中正制，人才选拔的根本路径就是考试，"以文取士"的原则被最终确立。唐代科举制度规定，从学馆里被选拔出来的读书人被称为"生徒"，由州县选拔出来的士人被称为"乡贡"。无论通过何种途径被选拔出来的人员，都要参加朝廷组织的考试决定去留。经过一定时期的发展，唐代科举考试的科目逐渐丰富，一般有秀才、明经、进士、明法、明字、明算、一史、三史、开元礼、道举、童子等科。其中明经科又分为五经、三经、二经、学究一经、三礼、三传以及史等。这些科目因每年都会组织考试，因此也被称为常举或常科，其中的明经和进士二科最受士人看重。发展到后来，由于崇文风气渐盛，明经科也不怎么受人重视了，转而以进士为贵，以至于一些位极人臣的显宦，因不是通过进士科选拔出来的，而被视为一种莫大的遗憾。

赵宋王朝建立后，科举制度承继唐代并继续发展，也有了一些新变化。据《宋史·选举志》记载：宋代的科举考试科目有进士、诸科（包括九经、五经、开元礼、三史、三礼、三传、学究、明法等）、武举等。一般常选之外，还有制科以及童子举等，其中以进士科选人最多。一个与唐代科举制度的重大区别是，宋代科举唯考试成绩论去取，除了制举和武举需要保荐人之外，参加其他科目考试时不需要举荐人。在考试的时间间隔方面，最初也是沿用唐代制度，每年举行一次；但在宋太宗到宋仁宗中期左右，基本是每四年举行一次。嘉祐二年（1057），宋仁宗要求隔一年举行一次常举。到治平三年（1066），宋英宗诏令三年一次，三年一开科遂成为定制，被后世王朝所继承。此外，宋代还施行与唐代制举大体相当的取士制度，即特科。尽管特科名目繁多，不过终两宋，通过特科而登第的人数不超过40人，虽号称得人，但在宋人看来也是传为笑谈。在常举和制举之外，宋代统治者为了笼络多次参加科考而落榜的读书人，推出了特奏名制度，通过特奏名考试的人年龄普遍在四五十岁，甚至有更老者，他们在通过这种考试后也会被赐予出身或授予一些低等级官职，一定程度上造成了负面影响。

在1300余年的历史长河中，科举承担了为古代中国政府输送官员和管理人才的重任。科举制度开创于隋朝，唐代时趋于定型，在宋代日臻完善，至清朝末年退出历史舞台，其延续时间之长、影响之深远，前所未有。在儒学思想的熏陶下，传统士大夫以修身齐家治国平天下为己任，在科举考试中一举成名成为众多士人的励志目标。而不唯出身是否高贵、寒门或是世家，也不论贫穷还是富有，只唯学问优劣作为评判的标准，在客观上养成了中国历来尊重学问、敬重饱学之士的风气，士子们竞相追逐科场也成为一种常态。

大中祥符八年（1015），时年27岁的范仲淹认为自己已经做好准备，便赴京赶考并顺利考中进士。根据《续资治通鉴长编》及《宋会要辑稿·选举》的记载，这一年的三月二十三日，宋真宗来到崇政殿，亲试礼部合格奏名进士、特奏名进士。范仲淹在这里近距离见到了年近50岁的宋真宗，兑现了他当年在应天府书院读书时的预言。这次考试的题目是"置天下如置器赋""君子以恐惧修省诗""顺时慎微其用何先论"等。起初,礼部向宋真宗上奏建议已参加过6次科举考试而不中的特奏名进士单独考试,宋真宗说:"还是和正奏名进士一起考,其中也许有及格的,如果通过了,就补入正奏名进士中,这样更能彰显公平。"通过阅卷后,大多数人并未通过考试。宋真宗怀疑自己评判或有失当之处,又命令宰相王旦阅视。最后赐蔡齐等197人进士及第、出身,特赐不合格进士许大同等6人同五经出身,特奏名进士郭震等78人进士、同进士、三礼、三传出身。

这一榜的第一名即状元是蔡齐,却也是惊险获得。根据宋代科举过往的制度规定,当发布进士及第名单时,需要选择数位等第比较高的人选,再从其中选出一位然后赐第一。当时新喻(今江西省新余市)人萧贯和蔡齐并列。只不过因为蔡齐仪状秀伟,举止端重,而被宋真宗看好。这时,大臣寇准向宋真宗建言:"南方下国人不宜冠秀士。"此话正中宋真宗之意。于是,本有机会争夺状元之位的萧贯因为是南方人而落为第二名,蔡齐因是胶水(今山东省青岛市平度市)人而获得第一名。

造成这种现象的主要原因在于,宋仁宗天圣(1023—1032)以前,人才选用大多以北方为主,寇准特别支持这一用人方针,所以很多南方的读书人即使非常优秀，也往往被降格任用。随着南方经济、文化逐渐发达，南方人在积极融入科举社会的路上虽然走得并不是一帆风顺，但中举人数不断增多。晏殊的入仕经历颇能说明南方人被降格任用的现象。晏殊，字同叔，抚州临川（今江西省抚州市）人。景德初，晏殊以自己的才智与数千名进士同场廷试，得到仁宗嘉赏，赐同进士出身。而时任宰相寇准以"（晏）殊江外人"，极力反对仁宗赐晏殊同进士出身。晏殊"七岁能属文"，廷试中，"神气不慑，援笔立成"，可见其才用之高、人品之纯。仅因其出身在南方，便遭到号称刚直的寇准的极力阻挠，可见当时朝廷对南人的压抑。尽管如寇准之类的北人对南人始终有成见，但终究改变不了南人中举入仕人数不断增加的现实。"圣宋得人之盛，及绍圣、崇宁间，取南人更多，而北方士大夫复有沉抑之叹"。到北宋末年，活跃于当时政治舞台上的历史人物，南方人已经反超北方人占据大多数，变成了赵宋封建政权的重要支柱。

在结束状元之争后的第四天，宋朝廷又举行了诸科考试。李周武等65人赐九经及第、出身，特赐已参加三礼、三传考试9次不合格者贾德润等2人本科及第、学究出身，10次参加三礼科考试不合格的张敦化等4人同本科及学究出身，张之才等66人

第二章 科场得意

试监簿。

这一榜进士考试的知贡举也就是主考官为赵安仁。赵安仁，字乐道，河南洛阳人。在幼年时期，他即能用毛笔写大字，13岁时就能通晓经传的大概精义，因为自身的文艺才能而备受称赞。雍熙二年（985），进士及第，授予梓州（今四川省绵阳市三台县）榷盐院判官，但他以自己父母年老为由拒绝赴任。巧合的是，国子监要雕刻《五经正义》，向朝廷奏请将赵安仁留下缮写五经。此后，出任大理评事、光禄寺丞，以著作佐郎直集贤院。由于精通书法，赵安仁成了京城众多王公贵族的座上宾，他们家属的碑铭悼词，大多托请赵安仁书写。宋真宗在位期间，任右正言，参与编修《太祖实录》。于咸平三年（1000）、景德二年（1005），两次主持进士考试。大中祥符八年（1015）的进士考试时，他第三次担任主考官。主持这次考试之后的第三年，赵安仁改任御史中丞，突患重病去世，时年61岁。赠吏部尚书，赐谥号文定。

在这一榜进士及第的人员当中，出现了诸如蔡齐、萧贯、庞籍及滕宗谅等名臣。

蔡齐，字子思，祖籍洛阳，莱州胶水县人。进士及第后，初授将作监丞、兖州（今山东省济宁市）通判。宋仁宗时期，以起居舍人知制诰，入为翰林学士，加侍读学士，拜礼部侍郎、参知政事。在知颍州（今安徽省阜阳市）任上逝世，时年52岁。赠兵部尚书，谥号文忠。

萧贯，字贯之，临江军新喻人。人长得非常俊迈，写得一手好文章。进士及第后，授予大理评事，先后任安州（今湖北省孝感市）、宿州（今安徽省宿州市）通判，迁太子中允、直史馆。仁宗继位以后，升任太常丞、同判礼院，再知饶州（今属江西省上饶市），迁兵部员外郎。奉诏将试知制诰，未及试即去世，享年46岁。

庞籍，字醇之，单州成武县（今属山东省菏泽市）人。进士及第后，授予黄州司理参军。后历任福建转运使、参知政事、枢密使，官至同中书门下平章事兼昭文馆大学士，从太子太保的官位上退休，逝世后赐谥号庄敏。

滕宗谅，字子京，河南府（今河南省洛阳市）人。进士及第后，初授潍州（今山东省潍坊市）推官，后改连、泰二州推官。历任湖州知州，天章阁待制、知虢州（今河南省灵宝市），迁知苏州，于苏州任上逝世，时年57岁。

在这一榜进士排名中，范仲淹列第97名。寒窗苦读十数载，一朝成名天下知。他要与其他新科进士一起参加由朝廷统一组织的众多庆祝活动，其中最重要的是要参加宋真宗赏赐的御宴——

琼林闻喜宴。他们也会身披大红花，骑马游京城，无限风光。此时的范仲淹，已由当年的穷小子摇身一变成为吃官家饭的官员，他决定要尽快返回长山把他的母亲谢氏接到身边奉养。

三、复姓归宗

唐代诗人孟郊考中进士，内心的喜悦无以表达，遂作了一首诗《登科后》："昔日龌龊不足夸，今朝放荡思无涯。春风得意马蹄疾，一日看尽长安花。"今朝金榜题名，过去困窘的生活与无处施展抱负终于可以彻底改变了，策马奔腾于春花烂漫的长安大道上，风儿吹得轻快，丝毫无法压抑内心的激动与澎湃，心情当真是说不出的畅快！想来，范仲淹的心情应与孟郊无异。他迫切想回到数百公里之外的长山，告诉他的母亲他考中了进士，即将去做官了。不过有同窗建议范仲淹应该先去赴任报到，安顿好后再派人去把谢氏接来。而范仲淹回答说："5年前，为了理想，我离开母亲，临行前向她老人家承诺10年后一定回来接她。这5年来，我备受煎熬，如今我成功了，我已经迫不及待地想要把这一喜讯亲自告诉我母亲。我一定要亲自回去。"

顾不上收拾好行装，范仲淹便一路风雨兼程，终于见到了日思夜想的母亲。他的母亲也是思儿心切，经常以泪洗面，导致视力急剧下降。当谢氏真的见到儿子时,却是悲喜交加,竟不能言语。她不知道儿子求学的地方究竟在哪里,那个地方究竟有多大,有没有人欺负她的儿子,儿子过得苦不苦。见到了母亲,范仲淹并没有向她诉说这几年的艰辛岁月,只是跟母亲分享他的快乐。他也想跟朱文翰同享这份荣耀,却在院落里找不到这位尽心抚养他长大的继父。谢氏告诉范仲淹,他的继父已经因病仙逝数年了。此时的范仲淹感到十分愧疚,在继父的遗像前长跪不起。范仲淹2岁时失去生父,此时又失去继父,他为他的母亲感到难过,也为自己感到难过。然而斯人已去,生活还是要继续。相聚的时光总是短暂的,现在的范仲淹已经是朝廷官员了,需要遵守政府制定的官员请假制度。所以他和朱氏兄弟商量,请其中一位随行以方便照顾他的母亲。此次安顿妥当后,范仲淹终于意气风发地赴任了。

范仲淹进士及第后释褐为官。所谓"释褐",又称为"解褐",就是考中进士后的读书人脱下粗糙的平民衣服,穿上由皇帝赏赐的官帽、官服以及官靴等,给予相应官职。汉代著名辞赋家、思想家扬雄在《解嘲》赋中写道:"夫上世之士,或解缚而相,或释褐而傅;或倚夷门而笑,或横江潭而渔;或七十说而不遇,或立谈间而封侯;或枉千乘于陋巷,或拥篲而先驱。"《梁书》里曾记

第二章 科场得意

载了南朝时南梁的大臣朱异初次为官的故事:"根据规定,年满25岁方得释褐,但朱异为官时才21岁,与制度不符,但被梁武帝萧衍特敕擢为扬州议曹从事史。"从这以后,"释褐"就有新进士及第授官的意思了。到了北宋时期,太平兴国二年(977),宋太宗赐予及第进士以及诸科举人绿袍、靴、笏等,以示恩宠。自此以后,进士及第及诸科举人未授官而先释褐成为定制。

范仲淹释褐授予广德军司理参军。广德军设立于太平兴国四年(979),治所为广德县(今安徽省广德市),管辖范围大致在今安徽省广德市、郎溪县境内,地处安徽、江苏、浙江要冲地带。南宋建炎三年(1129)、德祐元年(1275),金兀术、阿拉罕进攻临安(为南宋都城,即今浙江省杭州市),均取道于此。

广德军本是山清水秀之地,明清时期的广德地方志里就记载了"广德十景"。其一为"横山远眺"。横山在广德县西,当人们登上山顶进行远眺时,会将城内的桃州镇尽收眼底。其二为"大洞幽深"。大洞乃太极洞,因"洞面有纹,类太极图"而得名,在宋代时被称为人间奇景。其三为"羲苍奇绝"。传说羲苍道人曾在此处修炼升仙,今广德市东亭乡还有羲苍道院遗址。其四为"东湖潋滟",因东亭湖而得名。流经广德市南的卢村乡境内的溪流经乌石山、象山、狮山、龟山和蛇山,然后奔涌而下形成瀑布，形成一道亮丽的水帘之景。其五为"石溪古意"。石溪为卢村乡同溪村境内一个曲折迂回的山洞，沿溪有乌石山、象山、狮山、龟山、蛇山和一座石溪崇化寺。其六为"茅岭新晴"。茅岭就是白茅岭，因岭上岩石裸露、白茅丛生得名。其七为"三峰叠翠"。所谓三峰，是指笄山主峰及其左右二峰。笄山地势险峻，山形奇秀，当夕阳落下之时，山峰若隐若现，形成绝美景象。其八为"五老摩空"。五老山又称五花岩，其山五峰并列高耸，似五朵莲花，又像五位老者盘膝而坐，头顶似可摩空，故名。其九为"席帽奇踪"。席帽山又被称为石佛山，今位于卢村乡笄山村。其十为"灵山真境"。因广德名山之一灵山而得名，今位于卢村乡桃山村。古迹遗址甚多，今存普贤台、读易洞、不老泉等。

　　以上这些美景，在古时即受到众多文人墨客的追捧。南宋著名文人喻良能在诗作《桐汭》中连连赞叹道："东汭波吞岸，西桐水见沙。祠山千古盛，州宅四时嘉。前直三峰峻，旁连大洞呀。黄南清港曲，织女小桥斜。野店篱为户，春山茧作花。乌羊难入馔，青果颇宜茶。绷锦饶新笋，枪旗富嫩芽。灵山古佛地，丹井列仙家。铁冶名犹壮，金牛迹尚湮。滞留三载久，诗板满烟霞。"面对如此名胜美景，范仲淹在闲暇之余亦与友人一起纵情于山水之间，游玩石溪，归来诗兴大发，写下了《石溪瀑布》，

第二章 科场得意

诗曰："迥与泉流异，发源高更孤。下山犹直在，到海得清无。势斗蛟龙恶，风吹雨雹粗。晚来云一色，诗句自成图。"游玩太极洞时，在一处摩崖上刻书"蹬然岩"，以"大中祥符丙辰仲冬宋进士朱说"落款。需要指出的是，尽管时间、人物、姓名俱与范仲淹在广德的经历相吻合，但其真实性依然需要考证。

司理参军是官名，主要负责辖区内刑狱事务。司理参军也是选人阶层中判司簿尉阶最低等的一级，官品从九品。虽然官职低小，但是范仲淹的工作仍然做得非常出色，他也从不以地位低微而沉默，而是秉公办案，经常与太守据理力争。他在工作之余也寻山访幽，好不自在。但有一件事悬而未决，一直萦绕在他心头，那就是恢复范姓，回归宗族。大中祥符四年（1011），时年23岁的范仲淹得知自己其实是姑苏范氏子孙后，便开始萌生了复姓归宗的念头。当时他在应天府书院读书，无力顾及此事，同时也唯恐伤害慈母之心，便将这个想法一直埋在心底。于是便一直以朱说之名立志苦读、进士登科、初仕广德。天禧元年（1017），范仲淹自广德司理参军升任至权集庆军节度推官，官位晋升了一级，自己的生活也逐渐安定，母亲常住身边，不需要再依靠他人生活。于是复姓归宗之事再次涌上了范仲淹心头，他把这个想法告诉了母亲，谢氏表示赞同。于是，他奉母之命，向朝廷打报告，请求批准。在这份报告里,有一句后世广为流传:"志在投秦,入境遂称于张禄;名非霸越,乘舟偶效于陶朱。"这里,范仲淹以范氏先贤范蠡和范雎的故事委婉地向朝廷请求,希望能批准他恢复范姓。

上句与下句引用了两位名载史乘的范姓祖先范蠡与范雎的典故。范蠡,字少伯,楚国人。春秋末期政治家、军事家。他为越王勾践出谋划策,勾践卧薪尝胆20余年,终于以三千越甲打败吴国,称霸于诸侯。因又不欲与勾践同安乐,遂泛舟五湖。后齐王聘他为相,赐他相印与钱财,他将相印归还齐王,又将钱财分给乡亲邻里,自称陶朱公,在山东定陶做起了生意,富甲一方。范雎,字叔,魏国人,战国时期著名政治家、纵横家、军事谋略家,先事魏国,后被诬陷通齐卖魏,在魏国险些被打死,受尽耻辱后他逃到秦国,说服秦王,采取远交近攻的外交手段,使得秦国日益强大,他本人也由此拜相封侯、显赫一世。但后来,他所推荐的人才都遭遇不测,他便自请辞去相位,由他人代之。范仲淹此两句,运典精奇,尤为当切。不仅列举了历史上两位发家的范姓先祖,侧面称赞了范姓人的才能,而且也表达了自己将如同两位范氏先贤一般侍奉朝廷。皇帝也被他的才华与诚心所打动,数日后,终于准奏,范仲淹自是千恩万谢。

范仲淹接下来要做的就是赶往苏州,与范氏族人谈判。到达

第二章 科场得意

苏州后,范仲淹向范氏宗亲摆明了自己的来由,见面后的会谈显然不顺利,范氏族人面对眼前这个并不富裕的青年并不友好。范氏族人认为此时的范仲淹官位不过从八品,似乎并不能对家族的繁盛有所助益,此外,范氏族人更怕范仲淹和他母亲回来分得范氏一部分族产,故而对他百般刁难。范仲淹心中也深知,自己年仅2岁时就随母亲改嫁朱氏,后改名换姓,以朱说之名生活了20余年,与范氏宗族之间的亲情自然淡薄疏远。于是,范仲淹立下誓言,自愿放弃本属于他的那一部分族产,又对范氏族人说了一段非常温情的话:"我从小没了父亲,后来虽然迫于生计改姓,但无论如何我是范氏子孙的事实是改变不了的。如今我考中进士,也做官了,这不仅是我一个人的荣誉,也是整个范氏家族的荣耀啊。"范氏族人或许真被范仲淹的肺腑之言所感动,又或许因为范仲淹自愿放弃族产争夺,最终允许范仲淹复姓归宗,自此结束了他以"朱说"为名的生涯。范仲淹喜悦之情溢于言表,母亲谢氏也同样为他感到高兴,他写信数封,分别寄给了他的好友王镐、滕宗谅以及自己的老师等,跟他们分享这份特别的快乐。就这样,他终于在天禧元年(1017),重返范氏家族,自此可以名正言顺地使用生父范墉生前给他取的本名"仲淹",再也不用"朱说"了。一代名宦范仲淹即将横空出世,名震朝野,闪耀后世。

第三章
仕才初露

在宋代，正常情况下一个官员需要经过考课、磨勘等一些复杂的晋升程序，才可能从低级官员成为高级官员。考课，又被称为考绩，是国家根据有关法令规定，在一定的年限范围内对各级官员的政绩和功过进行考核，并根据考核的结果进行相应的奖励或惩罚。它形成于春秋战国时期，秦汉时期形成比较完整的制度规定，魏晋南北朝以及隋唐时期不断发展。至北宋初年，仍遵循在一定期限内考满即升迁的制度。但宋太宗后来认为这样的升迁制度体现不出循名责实，遂加以废除，转而设置审官院专门负责官员的考课。

　　磨勘是关于官员考绩升迁的制度，是指官员在一定期限内，经有关部门核查其资历与法令规定相符合，就可以晋升，而不需要考虑任期内是否有特殊的政绩表现。宋代的磨勘制度非常复杂，通常而言，文官被划分为京朝官和选人两类。京朝官又分为升朝官与京官，升朝官是有资格上朝议政的官员。选人是文官当中最低等级的官员，分为四等七阶。选人要想获得晋升，需要经过三任六考的磨勘过程，一任期限为三年，一年一考，逐级上升，这被称为"循资"。一般的选人通过这样的过程已经非常痛苦了，但还需要有具备推荐资格的官员把他举荐到吏部，审查通过后开具证明，然后由吏部转中书省交宰相审批，这被称为"改官"。改官能否成功直接决定了选人的仕途命运，因而皇帝也会经常亲自过问一些改官情况。这一制度到了南宋末年，成了一纸空文。

　　多年的苦读生涯，不仅磨砺了范仲淹的心性，使他为人为官宽厚自律、傲然不屈；也让他积累了丰富的基层生活经验，清楚地知道普通百姓的困难与需求。"学而优则仕"，饱读诗书的范仲淹更是将儒家经典践行于自身内外。于内，他廉洁奉公，严于律己，做道德士人的表率；于外，他关怀百姓，立志高远，踏踏实实地做好一些有利于国计民生的事情。

北宋的官员升迁非常复杂,要经历重重考核才能够得到升迁。范仲淹自宋真宗大中祥符八年(1015)进士登科后,以广德军司理参军开始步入政界,出仕10余年来,升迁是比较缓慢的,一直担任地方上的小官吏。但他没有因官职低而失去进取之心,更没有因位卑俸薄而自得清闲、怠惰官事。

一、声名鹊起

自广德军司理参军开始,初入仕途的范仲淹终于可以凭借自己的满腹才华来实现当初的抱负。在审理案件的过程中,他刚正不阿,一丝不苟,尽心为民,不冤枉一个好人也不放纵一个罪犯,由此导致他经常与上司意见相左,令上司对他非常不满。尽管如此,范仲淹依然坚持公平与正义,毫不屈从。下班之后,还将与上司争论的内容写在屏风上。直到离任时,人们发现屏风上已经记得密密麻麻。虽然自己已经领取官俸,但范仲淹依然过得很清贫,平时出行只有一匹马,后来离任时为了筹措路费,连马也卖了。

初仕广德,他就注意到地方教育。除了夜以继日地工作、审理案件之外,范仲淹发现当地很少有人读书,他就多方打听,聘

第三章 仕才初露

请了三位名士作为老师，教授当地想读书的小孩子，琅琅书声渐渐响彻广德境内，此后不断有广德士人考中进士，走出大山。就这样，范仲淹赢得了当地百姓的广泛赞许。

在第一个岗位上工作了将近两年，范仲淹因"治狱廉平、刚正不阿"得到了朝廷的认可。天禧元年（1017），范仲淹29岁，经历了人生中的第一次职务调动，由广德军司理参军迁官至亳州（今安徽省亳州市）权集庆军节度推官（亳州幕职官），广德军到集庆军相距700里左右，路途倒也不算颠簸艰辛。在集庆，他同样负责推勘刑狱。宋代文臣由京官、朝官与选人三部分组成，根据龚延明的《宋代官制辞典》可知，北宋前期选人分四阶七等，范仲淹此时所担任的集庆军节度推官正属于四阶中的"两使职官"，是一个从八品的小官。尽管还是属于选人阶层，但较判司簿尉而言，两使职官已是升迁无疑，不过薪资仍然比较微薄。

集庆军即今安徽省亳州市。传说黄帝的曾孙帝喾取代颛顼为帝，把都城建于此地，是中华民族古老文化的发源地之一。因商朝时成汤灭夏朝后建都南亳而得名。秦汉时期在此地设谯县。三国时期，曹魏政权将其列为陪都，与许昌、长安、洛阳以及邺城并称"五都"。西晋时期，在此地建谯国，北魏时期又成为南兖州治所，陈宣帝太建十一年（579），改称亳州。北宋时，亳州属于淮南西路，宋真宗时改为集庆军。

天禧二年（1018），范仲淹由权集庆军节度推官改任谯郡（即安徽省亳州市）从事。范仲淹处理此地的刑狱案件时，总是铁面无私，尽力梳理每一个案件的实情，避免冤假错案。也常常有同僚来劝说他："用不着如此死心眼儿，有时睁一只眼闭一只眼，自己轻轻松松做个小官，也不得罪人，何乐而不为呢？"范仲淹听了，十分生气地说："做官就要做一个为百姓着想的实在官，若是让我在这些冤案上蒙混过去，那这些老百姓的冤屈又要到何处去诉说？我既已来此负责审理刑狱，而老百姓依然吃着冤枉的官司，那还要我这个官来干什么？"范仲淹义正辞严，让同僚们顿时哑口无言。

在亳州期间，他的上级是知军上官佖和通判杨日严。上官佖，山东曹县人，祖籍四川。官至京东转运使，卒赠光禄少卿。上官佖在亳州做知州时，他的儿子上官融也随他来此，并且与范仲淹相识。范仲淹对上官融非常赏识，夸赞他为人文雅，又擅长议论，性格傲然不屈。后来上官融在京师也逐渐有了名声，只可惜这位有才之人命数不长，年仅49岁便去世了。范仲淹对于他的逝世颇为伤怀，不住地感慨道："品行良善、如同君子一般的

第三章 仕才初露

人才，不幸遭遇变故，这对于国家、对于百姓都是悲哀的，但是他的才华、造福百姓的优良治绩，是会被人永久铭记的。而那些不善之人，不能为国家与百姓造福，一旦死去，便会被世人完全遗忘。上官融就是一个有才之人啊，只可惜活得太短，不能为国家建功立业，真的是一大遗憾啊！"

杨日严，字垂训，河南洛阳人，祖籍同州。天圣十年（1032），为贺契丹国主生辰使，出使辽国。官至龙图阁学士、同知审官院。上官佖、杨日严二人都对范仲淹非常欣赏，特别是杨日严，在志趣和对时局的看法上与范仲淹极其相近，二人大有相见恨晚之意。在工作中合作得很融洽，私交甚密。杨日严十分关心民间疾苦，在他任转运使的数年间，兴利除弊、关怀百姓，这种廉洁爱民的为政作风深深地影响了范仲淹，范仲淹对他也是十分敬佩。杨日严为官多次迁转，但不论在何地任官，他都始终将百姓放在第一位。知益州（今四川省成都市）时，益州人都很敬爱他。范仲淹后来也常常回忆起杨日严，说他于自己是有知遇之恩的，在集庆军共事的这段日子里，杨日严对他很是欣赏，以至于离别之时，杨日严还念念不忘，不停地夸赞他，还向朝廷举荐他。

范仲淹在集庆军节度推官一任就是四年。其间，范仲淹游历了河北，并且受到任命，揽了好几份差事。天禧三年（1019）之后的一段短暂时期，范仲淹前往京师，担任秘书省校书郎，结识了石曼卿，并与他相谈甚欢，二人也由此成为挚友。石曼卿，名延年，字曼卿，北宋文学家、书法家，南京应天府人。石曼卿早年屡试不中，宋真宗年间选三举不中之人授予三班奉职，他感到耻辱坚决不受，后来在好友的劝说下任右班殿直。

有一年盛夏，石曼卿流寓丹阳，时年正值荒年，粮食收成不好，石曼卿的父母、妻子由于身患重病不幸一一离世。无奈石曼卿身无积蓄，望着亲人的遗骸悲叹却一筹莫展。正在此时，范仲淹次子范纯仁奉父亲之命前往江南收租、赈济灾民，路经七里桥岸时，看到丹阳的灾荒景象，便将收得的小麦一同给了石曼卿，石曼卿最初辞不肯收，范纯仁说："您与我父亲是极好的朋友，朋友之间就该是有难同当的，他日若范家有需要帮忙的地方，也会盼望您的相助啊！"石曼卿这才收下粮食，安葬了自己的亲人。

后来，石曼卿再回到京中为官，要将这笔小麦钱还给范仲淹，范仲淹坚决不收，石曼卿便将这笔钱捐给地方修桥，命名为"七里桥"。后来，石曼卿要奔赴边疆，范仲淹为他作诗《送石曼卿》以送别："河光岳色过秦关，英气飘飘酒满颜。贾谊书成动西汉，谢安人笑起东山。亨途去觉云天近，旧隐回思水石闲。此道圣朝如不坠,疏封宜在立谭间。"夸赞了石曼卿英姿飒爽、春风满面,并将他比作西汉的贾谊和东晋的谢安,以期待他的顺利归来。天禧四年(1020),范仲淹32岁,仍任校书秘阁,守集庆军节度推官。

　　青少年时期的范仲淹,身处逆境,生活尚且艰辛。如今虽已进士及第,但已经30多岁了,还是一个小小的节度推官,范仲淹不禁感叹:"自己想要为国效力、大展宏图的抱负究竟要何时才能实现呢?"《论语·为政》里说:"吾十有五而志于学,三十而立,四十而不惑,五十而知天命,六十而耳顺,七十而从心所欲,不逾矩。"已过"而立之年"的范仲淹,经过前期的官场历练,变得越发成熟,人生观和价值观也逐渐稳定。然而面对着逐渐陷入内忧外患的赵宋王朝,身为基层官员的范仲淹虽忧心忡忡,却无能为力。他需要更多对未来的思考,于是他把手上的公务暂告一段落后,便背起行囊,游历河朔之地去了。

二、河朔吟

　　从地理位置上看,河朔泛指黄河以北的广大地区,汉武帝在这里建立朔方城,这是中原政权治理河朔之地的开始。唐朝安史之乱后,为了笼络河北降将,先后任命田承嗣、张忠志、李怀仙分别为范阳节度使、成德节度使和卢龙节度使。三镇名义上归顺朝廷，实际上各自拥有强兵，并且无须向朝廷缴纳财赋，故而形成了非常强大的割据势力。后宋太祖赵匡胤开辟天水一朝，通过与其弟宋太宗赵光义的南征北战、削夺地方势力，中原之地再次恢复安宁。

对于北宋的疆界，谭其骧主编的《中国历史地图集》中的表述大致为：北以雁门（关山，在山西省代县北）、白沟（水道流经河北省雄县、霸县及北天津市区）接辽境，西北以横山（山在陕西省横山、靖边、吴旗）接西夏境，西以河、湟、洮、岷、剑南西山接吐蕃诸部，西南接大理及越之李朝，东南际海。这当然包括唐朝的"河朔三镇"，但是因为石敬瑭的所作所为，这一地区已经只剩下"河朔幅员二千里"。唐朝时，这一地区习武之风盛行，甚至有的人不知道孔子为何人。现在此地经历的却是中原王朝一次次的折戟沉沙、损兵折将。宋初的河朔之地，不仅不能作为中原王朝收复失地的强力跳板，现在更不能有效阻止契丹的南下步伐。或许是范仲淹回想到了宋太宗时期两次征辽无功而返，如今又签订城下之盟，国家无法挽救河朔百姓于水火，而对于国家无力收复这么重要的战略要地和良田沃土也无法贡献自己的力量，所以才会觉得"三十从知壮士羞"吧！

第三章　仕才初露

从宋初对于全国各地的管理来看，宋太祖时分全国为十三道，在各道设置转运使以管理财赋，宋太宗时以边防、盗贼、刑讼、金谷、按廉之任，皆委于转运使。北宋至道三年（997），分全国为十五路，正式设置河北路，河北路东临滨海，西抵太行，北据三关，当时的河北路管辖范围大致包括今天的河北省中南部、山东省北部以及河南省北部。

关于宋代的河北，史著与史家皆有不少评论。《宋史·地理志》中介绍了河北路的情况：河北北部与辽接壤，作为战略重点防御区的宋统河北地区，屡经战火洗礼，由于战争需要，此地民众多习武善战，宋初时即"募置乡义，大修战备，为三关，置方田以资军廪"，从战队人数、战争设备、战争物资等多个方面着手准备。澶渊之盟前的河北边境百姓参加军事斗争较多，时常无暇顾及农业生产，也经常遇到"荐修戎好，益开互市，而流庸复来归矣"。关于此地的习武风气，《宋史》也记载说："男儿以胆怯为耻辱，尤其崇尚勇武，喜好议论政事，为了追求胜利而甘愿赴死。"并推测这大概是河北人的天性吧。

宋代的晁说之也说："如今的河北百姓，个性特征等很多方面实际上仍然延续着古时赵魏的风俗。悲歌慷慨，善于武功，这是赵国的风气；个性刚强，多豪杰之士，这是魏国的风俗。到现在也是如此。"北宋沈括所作的《邢州尧山县令厅壁记》也写道："这里的人生下来就知道要做好随时进行战斗的准备，由于特定的环境，经历了漫长的时间，这种习惯已经不可更改。即使当下边境安定没有战事，但是此地百姓风俗仍然彪悍，较其他地方有所不同。这就是河北难以治理的缘由啊！"苏轼也曾上书评论说："现如今河朔西路靠近边境的州军，自澶渊讲和以来，百姓互相团结，成立了民兵自卫组织弓箭社。不论家业高下，每户出一人。又推举家里有武艺天赋、武功最好的人，作为弓箭社的领导者。他们每日佩带弓箭进行农业生产，身上背负着刀剑上山砍柴，随时随身携带兵器，饮食习惯与作战技巧与辽人相同。"可以看出，河北边塞百姓习武风气之盛。

其实，宋代的河北人并非纯粹喜好武功而不懂文事，这与当时的大环境密切相关。宋朝前期，河北地处军事冲突前沿，其文化发展被频繁的战事所掩盖、冲击，如果同其他文化发达区相较，自当不以文化繁荣称。甚至有记载："河北知州、军，多武臣，其幕职官又或经学出身，而书断案牒颇不通。"边防备战是当地的一大要务，当地经生出身的幕僚连日常文书也难以应付。但澶渊之盟后，承平日久，文教逐渐兴盛起来，宋边地形成了对辽文化输出的桥头堡，很多诗词文化、宗教思想等都以书籍的形式传到了辽统区。

宋、辽二者在政治、经济、文化等方面的影响都是交互的，并且由于河北作为宋辽接壤的要塞之地，这种相互的影响较其他地区更深。澶渊之盟后，幽云之地尽数被辽朝所控制。为加强对该地区的控制，防范幽州汉族百姓的反抗，辽朝在该地大力推行移民政策。主要包含两个方面：一是向幽州地区移民，二是把幽州地区的汉人迁移到辽国的其他地区。其后果是幽州汉族人口的大量减少和少数民族人口的大量增加，大量少数民族如契丹、奚、吐谷浑、沙陀、突厥等进入幽燕地区活动，使幽燕地区形成了独具特色的多元地域文化。《辽史·地理志》记载："宋辽时期的幽州汉民，上承唐和五代时期的传统，近习北部少数民族风俗，在民族性格上同样与少数民族相近。""风气刚劲"的幽州地域文化同样也影响到了北宋的边界州县，如熙宁三年（1070）十二月，知定州滕甫言到河北州县近山谷处，发现当地民间各有"弓箭社"及猎射人，自成习惯、动作娴熟，与辽人无异。

河间府西边是绵延起伏的太行山，东部是宽阔平坦的渤海西岸滨海平原，黄河水北流入海，气势汹汹。回想起太祖的南征北伐、太宗的击败北汉，心中或许会禁不住高歌一句"君不见，黄河之水天上来，奔流到海不复回"，以此来表达心中的那份豪情壮志。然而立足于一块高地之上，向前眺望，眼前这片古老而苍茫的幽燕之地，此刻已尽归于外族，而不再属于中原。这份耻辱对于宋朝人来说，是不可磨灭的。陈邦瞻在《宋史纪事本末》中记载南宋大臣吕中在回顾辽与北宋斗争的历史时就曾哀叹道："如果不能收复燕蓟这一地区，那么河北地区就不牢固；如果河北地区不牢固，那么属于腹地的河南地区就很难高枕而卧。"这一段话鲜明地道出了幽云地区在中原王朝心目中重要的军事战略地位，同样也表达了对于国土渐失的忧心与忧虑。

对北方的辽国而言，燕云十六州的并入，使契丹人几乎控制了防御中原的所有战略关隘，使中原王朝对于北方的游牧民族在地利上毫无优势可言，同时也使得他们在河北获得了相当稳固的立足点。耶律德光在获得燕云地区以后，立即升幽州为南京，将幽州变成向中原进攻的前沿阵地。在与北宋对峙的年代里，辽朝统治者往往亲临于此，凭借幽云地区的有利地形，在辽宋战争中，始终处于进可攻、退可守，居高临下的有利地位。澶渊之盟的积极效果是结束了宋辽彼此的战争状态，给双方百姓一次休养生息的机会，为北宋较长时期的繁荣稳定创造了有利条件。而消极的影响则是，这次和约的缔结，开启了北宋以岁币换取和平的先例，为日后埋下了严重的经济隐患；也让北宋上下认为通过这

第三章 仕才初露

次和谈后，边境可以得到永久安宁，然非但如此，反而导致边境防御日渐松弛。而幽云地区的最终失去，致使河北不稳，宋辽双方终于在宋徽宗时期再次毁盟交恶。

以上所讲到的经济隐患和边防松弛的现象，引起了北宋一部分具有忧患意识的士大夫的强烈关注，范仲淹是其中的显著代表。范仲淹从小便胸怀大志，早在青少年时期便立下了"以天下为己任"的志向。宋前期军事斗争中的失意，对范仲淹来说，同样也是心头难以抚平的伤痛。30岁的范仲淹游历燕赵之地，以往的一幕幕在他的脑海里再度上演。在这里，范仲淹认真考察了此地百姓的生产生活、边境布防、将领的精神状态以及兵员素质等现状。当身处萧疏的宋辽边境，范仲淹不禁思绪万千，感慨10余年前，正是含有燕赵血统的宰相寇准力排众议，坚决主张请宋真宗亲临澶州，才得以稳住了军心，击退了辽军，还给了天下万民一片安宁。对于寇莱公的功绩，范仲淹不吝赞词，赞叹道："寇莱公在澶州的战役中，能够稳定天子进而稳定军心和民心，天下人都称赞寇莱公这是大忠啊！"面对着悲怆的燕赵大地，面对着千百年来发生在此地的金戈铁马，回想起国家在边事和武备上正处于多事之秋，年轻的范仲淹有感而发，便写下了这首《河朔吟》。今录其全文于下：

忧乐系天下：范仲淹

> 太平燕赵许闲游，三十从知壮士羞。
> 敢话诗书为上将，犹怜仁义对诸侯。
> 子房帷幄方无事，李牧耕桑合有秋。
> 民得袴襦兵得帅，御戎何必问严尤。

河朔燕赵的慷慨悲凉，给人一种阳刚蓬勃之美。多年之后，范仲淹与王曾共同在晏殊府上宴饮，当歌姬演唱了这首《河朔吟》之后，举座为之赞叹。主人晏殊由此赞叹范仲淹为人光明磊落、坦直刚正。年老的薛葵认为范仲淹所想是久经战阵的边臣都没有考虑到的，因此对范仲淹大加赞赏。

从内容上看，首联前半句写燕赵一带的太平景象，可能是范仲淹在弱冠之年漫游关中时所闻所见从而引发的感受，也有可能是从前人传述或典籍记载中所阅而知。然而数年以后，范仲淹登第入仕，思想觉悟和心境也越发成熟，看问题的角度也更加深奥。而立之年的他出任从知（一说"从军"。"从知"是北宋的一种官阶，此时范仲淹集庆军节度推官的官阶是从八品）后，对于军事与战争有了实践性的了解与体会，心忧天下的范仲淹不觉满怀羞愤。因此，后半句也表达了而立之年的范仲淹对自己仍然劳形伤神于一个从八品的基层官职而无法施展抱负。

领联所表现出来的感情颇为复杂，既表现了范仲淹立志成为一代儒将的非凡抱负，又抒发了诗人对孟子劝说梁惠王施行仁义的称颂。从这里我们也可以看出，在对待河朔问题上，范仲淹认为收复这一地区需要的是推行仁政。颈联感情丰富、思绪繁杂。使用"汉初三杰"之一的张良以及赵国名将李牧的典故，既是来抒发自己想要为国分忧、建功立业的心胸与抱负；也透露了此时的北宋朝堂缺乏像张良这样运筹帷幄、决胜千里的人物，边疆则缺乏像李牧这样的戍边名将。李牧屯田戍边、保境安民之举是一个边臣的分内之事，范仲淹却对此事大为赞赏，说明此时的北宋朝廷缺乏像李牧这样的能臣循吏，后来范仲淹戍守西北之时，也确实效仿李牧，大兴屯田开垦之举。

张良，字子房，颍川城父人。秦末汉初杰出谋臣，西汉开国功臣，政治家，与韩信、萧何并称为"汉初三杰"。张良出身于韩国贵族世家，在博浪沙（今河南省新乡市原阳县境内）刺杀秦始皇失败后逃至下邳（今江苏省徐州市睢宁县），在此地结识了刘邦，成为刘邦的左右手。张良本人善于谋略，在刘邦与项羽分兵伐秦的过程中，用缜密的策略辅佐刘邦先入关中，并笼络秦民。又在与项羽争夺天下时，先后上演了惊心动魄的"鸿门宴"、堪称绝妙的"暗度陈仓"等,在最后的定都过程中,张良更是发挥出了自己精密的构想,劝导刘邦定都关中。难怪汉高祖刘邦评价他说:"夫运筹策于帷幄之中,决胜于千里之外,吾不如子房。"

关于汉代抵抗匈奴的名将,人们一直传颂的是李广,唐代诗人王昌龄更是在《出塞二首·其一》中称赞道:"但使龙城飞将在,不教胡马度阴山。"但是第一个真正抵抗了匈奴南侵的当是战国末年的赵国名将——李牧。李牧,赵国柏仁人,战国时期的赵国名将、军事家,与白起、王翦、廉颇并称"战国四大名将"。李牧长期驻守代地雁门郡,防备匈奴。他对战士待遇优厚,每天宰杀几头牛犒赏他们,教他们练习射箭骑马,令他们每日小心谨慎地看守烽火台。为了节约资源,李牧从不轻易出战,他下令:"匈奴如果入侵,要赶快收拢人马退入营垒固守,有胆敢去捕捉敌人的斩首。"后来,匈奴时常骚扰,边境的官兵纷纷请战。于是李牧就准备了精选的战车1300辆,精选的战马13000匹,敢于冲锋陷阵的勇士5万人,善射的士兵10万人,全部组织起来训练作战。同时让当地百姓四处放牧,使牲畜遍布山野。匈奴小股人马入侵,李牧就假装失败。单于听到这种情况,就率领大批人马入侵。李牧布下许多奇兵,张开左右两翼包抄反击敌军,大败匈奴。李牧到朝中任职,约在公元前246年以后。他曾因国事需要调回朝中，以相国身份出使秦国，订立盟约，使秦国归还了赵国之质子。《史记》评价李牧说："武安君李牧是战国末年东方六国最杰出的将领之一。深得士兵和人民的爱戴，有着崇高的威望。在一系列的作战中，他屡次重创敌军而未尝败绩，显示了高超的军事指挥艺术。尤其是破匈奴之战和肥之战，前者是中国战争史中以步兵大兵团全歼骑兵大兵团的典型战例，后者则是围歼战的范例。他的无辜被害，使赵国自毁长城，也使后人扼腕叹恨。"

范仲淹对运筹帷幄之中、决胜千里之外的留侯张良和抗击匈奴、屯田军垦、保边安民的名将李牧表示了由衷的敬意，委婉地告诫统治者御敌需要良策，固边需要良将。同时也表达了自己渴望建功立业的志向，希望自己成为一个具有文韬武略和社稷长城式的人物。

尾联范仲淹说如果边关民众衣食丰足无饥寒之忧，士兵们能够得到优秀的将领带领与培养，御戎定是势在必得，也绝不会出现大将曹彬大败于岐沟关、杨业苦战陈家谷口绝食牺牲的往事。如果粮饷充足、谋划得当、戍边和征战都有良将，也就不会出现像王莽时期的向大司马严尤询问御边良策的情形了。

范仲淹《河朔吟》一诗短短56个字，却综合运用记叙、抒情、议论多种表达方式，语言平实质朴，情感深沉厚重，展现了一个务实、有抱负的青年政治家形象。在诗中，范仲淹认为北宋若是能出现战国时期赵国名将李牧和西汉初年张良那样的人物该有多好啊。站在边境线上的范仲淹似乎期待自己可以成为张良那样的能臣，能够为国分忧。只是他没有想到若干年后，自己真的成了北宋版的张良。

如果说若干年后范仲淹所上《河北备策》有什么建设性作用的话，那他这趟河朔之行实在功不可没。范仲淹在《河北备策》中，首先表达了他当年的"三十从知壮士羞"，言到契丹掳掠后晋末帝和满朝公卿离去，于是燕云十六州陷落于契丹，这成为中原千古以来最大的耻辱，直至现在还不能洗刷。然后在所陈述的七事中范仲淹谈到，自河朔罢兵（澶渊之盟）将近40年，各地随着"安稳"的形势而武备废弛，各地将领想有所作为最后却成了罪过。正是他的河北游历，才使得他对北宋的武备情况有了新的了解，所以他才能言而有据地谈论北宋的武备衰落状况。正是因为他的亲身游历，所以才能在第七项的"密定讨伐之谋者"中说："幽燕地区的百姓，沿袭着汉民族的生活习俗，回归中原这一愿望，子孙不敢忘记。"后来范仲淹又向朝廷上了为"河北五事"的奏议，向中央建议选派有才能的大臣权领河北转运使，使他秘密经略边疆事宜；再商议河北合并和屯兵的地方；命枢密院

第三章　仕才初露

和三班院分别挑选才能卓越的人才，按时上奏；从陕西挑选十几员战队使臣，教授他们战阵之法，以使他们可以训练军队；河北的知州、知县和县令应该专门挑选懂得军事的人担任，使他们训练当地的武装力量，并给他们增派将领。这些建议，前后相因。正是因为有了当年的河朔之行，才使得范仲淹对河北乃至整个北方的武备情况有了较为清醒的认识，才能针对当时的情况提出具体可行的治理河北的政策！

河北之行是范仲淹为官之后的第一次游历，他深入到当时的军事斗争的最前线，深入到当时朝廷鞭长难及、中原士人了解较少的燕赵大地。这一次游学，使他对边情、民情以及官情，有了更为深刻的了解。因此，他更意识到自己的使命所在，更加认识到自己应该去做什么，认识到自己在朝为官就要以天下和百姓社稷为重，让百姓不再受战乱之苦，他决计要成为治国治民的良臣或者良将。不过，此时的范仲淹只是一个小小的节度推官，他清楚自己想竭尽全力为国分忧，然而庙堂之远，皇帝听不到自己的澎湃心声，他的抱负无法得到施展，他迫切需要更广阔的舞台。

天禧二年（1018）八月，宋真宗册封自己的第六个儿子赵祯为昇王，并立为太子。范仲淹认为这是一次让皇帝注意到自己的难得机会，他向宋真宗奏上了洋洋洒洒千余字的《皇储资圣颂》。

在这份奏章中,范仲淹追慕上古明君,赞扬了宋太祖、太宗朝统一天下所做的贡献,对宋真宗立下太子表示赞赏。他将自己的政治理想和治国主张夹藏在这份奏章中,向宋真宗娓娓道来,期待能引起天子的关注,从而使他的仕进之路变得越发宽广。

三、范公筑堤

天禧五年(1021),范仲淹的职务再次发生变动,从集庆军调往泰州(今江苏省泰州市),出任西溪镇盐税官。泰州在北宋时属于淮南东路,南倚长江,东临黄海,水运发达,是中国古代重要的盐产地。这里的制盐历史悠久,汉代时,就通过邗沟(今淮扬运河),把海陵(今江苏省泰州市)制造的盐运往全国各地,开始对盐进行征税。唐代时,泰州制盐业十分繁荣,日本圆仁和尚写的《入唐求法巡礼行记》描述运盐船只的情形:"盐官船积盐,或三四船,或四五船,双结续编,不绝数十里。相随而行,乍见难记,甚为大奇。"而泰州的盐税占到唐王朝盐税总量的一半。有史料确切记载,在泰州设置盐税官员负责征收盐税的时间,是唐玄宗开元元年(713)。

西溪镇(今属江苏省东台市)是宋代泰州地区盐税的主要征集地。范仲淹到这里,就是负责盐税征收以及盐仓管理等工作。

据说，在来西溪之前，有人曾劝范仲淹另择别处，但被他婉拒了。他在《至西溪感赋》中这样写道："谁道西溪小？西溪出大才。参知两丞相，曾向此间来。"诗中的"参知两丞相"，说的是吕夷简、晏殊，他二人官拜宰相之前，曾在此任过盐税官员。其中吕夷简在这里栽种过牡丹，也有一些诗刻。范仲淹有感于此，题写了《西溪见牡丹》，诗曰："阳和不择地，海角亦逢春。忆得上林色，相看如故人。"后人因为吕夷简和范仲淹的题诗，纷纷题咏。牡丹花被围起护栏加以保护，长得越来越茂盛，成为当地的一道亮丽风景。

在泰州期间，范仲淹结识了当时最著名的隐士林逋。林逋（967—1028），字君复，钱塘（今属浙江省杭州市）人。幼年时失去至亲，发奋读书，却不死记硬背，而通晓经史百家，学有所成。林逋性格恬淡好古，没有选择"学而优则仕"，却放弃功名利禄，即使吃不饱穿不暖，他也安之若素。林逋早年游历于江、淮之间，后来隐居杭州西湖孤山，有20年不曾进城。宋真宗听闻乡野有如此博学之人，就下令地方长官经常前去慰问，赐予一些钱财衣物。薛映和李及二位担任杭州知州时，经常造访在孤山的林逋，每每相谈甚欢。特别是天性清高耿直的李及，认为杭州风俗轻靡流荡，他也非常不喜欢宴乐郊游。《宋史·李及传》记载,有一天,官舍外下着小雪,而李及破例冒雪外出,众人都以为他是去宴请宾客。实际上,他却是到孤山找林逋聊天去了,一直聊到天黑才回来。

《宋史·林逋传》说他终身未娶,也有史料说他是丧偶后未再娶,无子。不过,从《宋史·林逋传》所言"无子,教兄子宥,登进士甲科"的情况来看,林宥或有可能是其继子。林逋隐居孤山期间,他在草屋前后种植数百株梅花树,又以鹤为宠物,种梅养鹤成瘾,被时人呼为"梅妻鹤子"。林逋善行书,更作得一手好诗。《山园小梅》诗曰:"众芳摇落独暄妍,占尽风情向小园。疏影横斜水清浅,暗香浮动月黄昏。霜禽欲下先偷眼,粉蝶如知合断魂。幸有微吟可相狎,不须檀板共金樽。"在诗中,林逋将自己对梅花的喜爱表现得淋漓尽致,诗中的梅花香逸、清幽,超脱凡尘,"疏影横斜水清浅,暗香浮动月黄昏"被誉为咏梅的千古绝唱。

当然,林逋选择终身未娶的观念并未影响到范仲淹。1022年,由副宰相李昌龄的侄子李纮做月老,将李昌龄的侄女嫁给了范仲淹。嫁入范府的李氏,与范仲淹的母亲谢氏相处很融洽,她将谢氏照顾得无微不至,这让范仲淹感动不已,也让他对李氏喜爱至深。

第三章 仕才初露

天圣元年（1023），宋真宗病重去世，太子赵祯即位，是为宋仁宗。由于宋仁宗年纪尚幼，即由刘太后监国。宋真宗在位时，澶渊之盟中立下大功的寇准因为王钦若等的挑唆，使宋真宗开始对寇准不满，找了借口将他贬为刑部尚书，出知陕州。后来王钦若由于"天书"事件被罢，寇准再次被起用为宰相。寇准生性率性，心直口快。寇准因贪图口舌之快而让丁谓怀恨在心，他一直在寻找机会扳倒寇准。而寇准也因为周怀政企图发动政变杀掉丁谓一事被牵连，随着周怀政的计划失败，寇准也被贬，出知相州（今河南省安阳市）、徙安州（今湖北省安陆市），再被贬为道州（今湖南省永州市道县）司马。宋仁宗即位后，刘太后垂帘听政，寇准再一次被贬为雷州（今广东省雷州市）司马，一年后病逝于此。寇准的经历，让范仲淹唏嘘不已，他就此向朝廷上书议论，引起刘太后和宋仁宗对他的关注。

这一年，范仲淹调任兴化（今江苏省兴化市）知县。从广德军到兴化县，范仲淹用了10年时间。这段时间，范仲淹虽官小位卑，但他不为权惧、一心为民，赢得了百姓的爱戴，也受到了多数上司的肯定。虽因寇准被贬的上书言论而对仕途升迁产生一定影响，但范仲淹这一段时期的为官之路大体顺畅。这也使他对自己的未来自信满满。《西溪书事》诗写道："卑栖曾未托椅梧，敢议雄心万里途。蒙叟自当齐黑白，子牟何必怨江湖？秋天响亮频闻鹤，夜海瞳昽每见珠。一醉一吟疏懒甚，溪人能信解嘲无？"

范仲淹在兴化期间做得最有成就、被后世所称道的一件事，就是修筑海堤。唐大历年间淮南西道黜陟使李承为抵御海潮，带领民众修筑了一条海堤，时称"捍海堰"。北宋天圣元年（1023），范仲淹在东台监西溪盐仓时，就观察到唐代修筑的海堤已经受损严重。虽然范仲淹的本职工作是负责盐税征收以及盐仓管理等，但他还是从大局出发，大胆给当时的江淮发运副使张纶上书，建议重修海堤。范仲淹的提议一出，便遭到了不少人的反对。他们认为修复捍海堰虽然可以挡住海水侵袭，却不利于排除内涝与积水。范仲淹对此据理力争，他说："海堤损坏，海浪日复一日地冲去庄稼，致使居住在海边的百姓颗粒无收，这是大患；而内涝可以采用其他排水途径，不必非要通过海堤排出。"幸而范仲淹的主张得到了张纶的认可，天圣三年（1025），张纶上奏朝廷，诏令范仲淹主持修复海堤。是年秋后，范仲淹带领泰、海、楚、通四州的4万多名民工开始了修复捍海堰的工程。正好范仲淹的同年滕子京在这一段时间出任泰州从事，协助范仲淹办理这项重大工程。关于海堤修建中遇到的困难，我们可以从范仲淹后来写的《滕待制宗谅墓志铭》中得

第三章 仕才初露

知一二。有一次遇到台风来袭，当天晚上涨潮特别厉害，无情的狂风卷着滚滚巨浪，吞没了还没来得及撤离的上百名民工。士兵和百姓非常害怕，在场的一些官员也很害怕，他们都落荒而逃，挡都挡不住。只有滕子京神色不变，十分镇定，继续缓缓讨论海堤修复与否的利害关系。大家也在滕子京的感染下而渐渐平复情绪。范仲淹通过这件事情，认为滕子京将来一定会是一个不同凡响的人。

这次海浪来袭造成的损失，被那些反对筑堤的人当成了把柄，他们到处散播流言，谎称死伤上千人，更有人请求罢免范仲淹。朝廷也派人进行调查，而张纶在这其中向调查人员做了大量的解释工作。不过，海堤的修复还是暂停了下来。这让范仲淹非常着急，后来朝廷又诏令淮南转运使胡令仪进行实地考察，以决定是否继续施工。胡令仪先前曾在东台县做过知县，他非常清楚海堤对保护境内百姓安全的重要作用。他也几次征询范仲淹的意见，而范仲淹自是极力陈述修复海堤的紧迫性和必要性。他说服了胡令仪，随后胡令仪上奏朝廷请求修复工程继续。

旧的海堤大多坍塌，在海浪的冲击下捍海大堤也不断变迁，于是范仲淹需要带领民工勘定新的堤址。海浪凶猛，岸边的人稍有不慎便会被卷入海水中，上次的突发事故已经损伤了好些民工，这次说什么也不能再让百姓受到伤害，可是不亲自下水测量，又该怎么确定线路打好堤坝桩呢？这可把范仲淹愁坏了，他每天早早地来到海岸边，望着遥遥无际的大海，却又想不出什么好的办法，只能愁眉苦脸地叹气。有一日，他又来海边勘察，看见一个渔民家中喂猪的木桶沿漂浮着一圈灰色的稻糠，他突然灵机一动，在大汛期间，发动民工将稻糠撒进海里，海水涨起来时，稻糠随着海水涌进海里，潮落后，稻糠则沿着沙滩形成了一道弯弯曲曲的糠线，范仲淹趁此命令民工赶紧打桩，由此确定好了新的堤址。天圣六年（1028），在克服种种艰难险阻后，长达150余里的海堤最终修成。当地的百姓为了纪念张纶、胡令仪以及范仲淹为保护泰州百姓免受海潮侵蚀之患而做出的巨大努力，修建了"三贤祠"。这段海堤也被当地人称为"范公堤"，号称"华夏第一堤"。

海堤修复完工后，范仲淹被派往楚州，官职为兼楚州粮料院。楚州也就是今天的江苏省淮安市，在北宋时属于淮南东路。南宋时，此地一度是宋军与金军、蒙古军对峙的最前线。粮料院，是北宋时属于太府寺下辖的二十五司之一，主要承担官员俸禄等发放。

范仲淹36岁那一年，升任大理寺丞。大理寺是宋代中央司法审判机关,相当于现在的最高人民法院,负责审断各地上报的狱案。北宋中前期时,大理寺的最高长官称为"判寺事",下设少卿或者兼少卿事、正、丞以及平事等副职,而丞是专职负责审判断狱的详断官。也是在这一年,他的第一个儿子范纯祐出生了。范家有后,着实让谢老太太高兴不已。遗憾的是,这位孙子的出生,并未让她的病情好转。第二年,辛苦养育范仲淹长大成才的母亲谢氏去世了。都说母子之情是这个世界上最为宝贵的情感,何况是从小与母亲相依为命的范仲淹。他得到母亲在宁陵不幸逝世的消息后,悲痛不已。他必须立刻赶回宁陵,为母亲送葬。并且根据宋代的制度规定,范仲淹需要辞官为母亲守孝三年。这一制度被称为"丁忧"。

丁忧,通常又被古人称为"丁艰",是中国古代传统社会的一种道德礼仪制度。远在西周时期,我国就已经萌芽出子女为亡父母守丧三年的丁忧习俗。汉代以后,丁忧制度被纳入国家法律的范畴。对于在职官员来说,遇到父母去世,无论任什么样的官职,从收到丧事消息的那一天起,必须申请辞去现任职务回到家乡,为亡父母守丧三年(特殊的为27个月)。守丧期间,官员不能外出应酬,不能住在自己的家里,而是要在父母的坟前搭建草棚,睡觉也要睡在草席上,用砖头当作枕头。

对于一般人而言，安葬亡父母并非难事，对于范仲淹而言却是一个两难的问题。一方面，范仲淹的父亲范墉去世后，他的母亲谢氏因为贫困无依靠而改嫁长山朱文翰。而范仲淹在进士及第，出任广德军司理参军后，以官员的身份希望复姓归宗时，仍然遭遇了巨大阻力。以上这两方面的因素意味着，改嫁后的谢氏在死后想要进入苏州范氏祖坟与范墉合葬，是一件不可能实现的事情。

另一方面，谢氏改嫁朱氏后，为朱家生下三子，在朱家应该有一定地位。假设谢氏一直生活在长山，那么她谢世后葬入朱氏祖坟的可能性是非常大的，但范仲淹为官后，出于孝义，把谢氏接到宁陵和自己一起生活，自己也放弃朱姓而回归范姓。这时，再把谢氏归葬长山已不合适。

范仲淹左右为难，最后他选择了洛阳。他在写给他堂兄范仲仪的一封书信中这样写道："我本打算返回苏州卜葬，但看到范氏族人非常冷漠，又想到祖先本来就是北方人，我作为他的后代有幸考中进士，被授予一份官职，我决定另立门庭，改卜于洛阳。"范仲淹最终选择了将他的母亲安葬在洛阳。不过有学者认为，范仲淹之所以将他的母亲葬在河南县（今属河南省洛阳市），是受到唐代名臣姚崇葬母的影响。就谢氏本人而言，自选择离开

第三章 仕才初露

长山而接受范仲淹奉养开始，也许就已经想明白了自己死后是不可能再葬入苏州范氏祖坟或者长山朱氏坟茔了。

天圣五年（1027），范仲淹的第二个儿子范纯仁出生，因为范仲淹把自己的工资拿出来供给那些云游四方的学子，以至于自己的长子范纯祐和尚在襁褓中的次子范纯仁需要轮流换衣服才能外出。根据《东轩笔记》的记载，有一位孙姓秀才拜访范仲淹，他送给了这位秀才1000钱。第二年，这位秀才又来拜访范仲淹，他又赠送秀才1000钱。这时，范仲淹满腹狐疑，向孙秀才发问："你为何贫困潦倒到如此境地？"秀才答道："我家里有一位老母亲需要赡养，如果每天能有百钱的收入，我就心满意足，可以安心读书了。"范仲淹对他讲："我看你不像个乞讨的人，这两年东讨西借的，能有多少钱呢？还荒废了学业。如果我帮你在书院里申请个学职，一个月可以有3000钱的收入，应该可以赡养你的母亲，这样你可以安心向学了吧？"孙秀才大喜过望，对范仲淹感谢连连。后来孙秀才跟着范仲淹学习《春秋》，日夜苦读，学问精进，范仲淹对他也很满意。10余年后，泰山下出了一位道德高迈的孙复先生，招收生徒，授以《春秋》之学，远近闻名，并得到朝廷的征召。这位孙复就是当年的孙秀才。范仲淹有感于孙秀才之事，叹道："贫穷真是折磨人，如果一个人终日为了有米下锅奔忙,即使像孙秀才这样有才气的青年,也终会淹没于众生当中而无人知晓,甚是可惜!"

教书之余,范仲淹还向朝廷上了一封万言书,请求朝廷选择优秀的州县长官,把那些懒政不作为不称职的官员从队伍里清理出去,抓好教育工作,慎重对待科举考试,安抚好在外带兵打仗的将帅。他大力倡导读书人应该慷慨激昂地谈论国家大事,奋不顾身地为国效力,由此形成一代风气,激励着后世的读书人。

四、睢阳上书

范仲淹第一次到应天府是16年前,他以生徒的身份,负箧曳屣来到南京应天府的睢阳书院求学。在睢阳书院读书期间,范仲淹紧紧抓住每一分每一秒,用功苦读,积累治国安民的本领。范仲淹第二次来应天府是宋仁宗天圣四年(1026),他因为母谢氏守丧而寓居于此。也正是在这里,他被伯乐发掘,开始作为一匹真正的千里马在北宋政坛上奔驰。

苏东坡在《记承天寺夜游》的最后感叹"但少闲人如吾两人者耳",此话虽然有弦外之音,但范仲淹又何尝能真正地做一个闲人?此时的范仲淹虽然是因为守丧才居于应天府,但是他也没有只做一个为母尽愚孝的"大孝子",他始终不能成为一个闲人。

第三章 仕才初露

人们还说"忠孝难两全",但为母亲守丧的范仲淹打破了这个定律,做到了忠孝两全。天圣五年(1027),正在为母亲守孝的范仲淹强忍悲痛向宰相上书,诉说自己对国家大政的看法,这就是著名的《上执政书》。

这封上书是写给当时的史馆相公、集贤相公、参政侍郎和参政给事的,按照宋初制度,宋朝宰相最多三员,首相带昭文馆大学士,次相兼领史馆,末相带集贤馆大学士。因此,这封上书是直接供当时的宰执团队阅读参考的。从内容看,范仲淹直言整个国家自从澶渊之盟之后以为自此没有祸患,便整日地歌舞升平乃至国家生出很多祸患。劝诫宰执队伍位极人臣,更应该报效国家。虽然太平日子是每个人的期盼,但是"日方中方睨物方生方死",正所谓物极必反,太平过久反而会导致一系列毛病——良药忠言难以上达天听、武备废弛、国用无度、百姓穷困、人才难进、外敌乱谋、社稷倒悬。因此范仲淹认为宰相应当固邦本、厚民力、重名器、备戎狄、杜奸雄、明国德。

他认为宰执团体应该推选县令郡守;淘汰无所事事的闲杂人等;重视教育,慎重地选拔科举考试中的人才;培育良将,充实边防;尽力于朝政以使朝政没有过错,百姓没有抱怨;保护直言敢谏的忠臣,斥责朝廷中的奸佞小人。皇上应该选派贤能的亲信大臣巡视地方，以考察地方官的贤不肖、兴利除害，并向中央反馈自己看到的优缺利害。文末，范仲淹对于为什么会有这样的上书，他解释道："大概是不敢因为个人心中的悲伤，而忘记普天之下知道的忧虑的地方，这是不为我自己的身名考虑的一种表现。"

这封上书谈到了北宋实实在在存在的弊端——冗官、冗兵、冗费、积贫积弱，乃至于西北的党项都敢于与北宋平起平坐。在这众多建言中，范仲淹认为州县官的选择在国家治理体系中占有非常重要的位置，是厚民力和固邦本的具体执行者，若是没有好的地方官，一切都是空言，所以范仲淹建议罢黜那些过于老病和不作为的官员，敲山震虎，对于只知道贪赃枉法的官吏形成一种威慑作用。建议各级官僚推荐有才能德行的州县官吏，以代替那些不作为、懒政的人，并且要大大奖励那些推荐者，这样国家内外的执行者就会焕然一新，更加有效率地代天牧民，解决上述提到的各种国家弊端。

这篇上书洋洋洒洒多达万言，但是没有太多的陈词滥调，而是字字珠玑。如果细看这封上书，则是十几年后《答手诏条陈十事疏》的源头，庆历新政时期的改革措施并未超出这篇上书左右。这也反映出此时的范仲淹洞若观火，知晓此时的北宋王朝弊病所在。但是范仲淹是极为谦虚的，他在文末说道"今天所上书

第三章 仕才初露

的内容，希望相府能够采纳一两条，为国家和天下造福，我不曾奢望史官会把这些措施载入史册，作为后世的借鉴"，并自诬这是狂妄之人所言。洋洋洒洒几近万言，虽然同样是一把辛酸泪，但是范仲淹造就的绝不是满纸的荒唐言，而是为国为民、忧国忧民的忠善良言！

如果没有钟子期，俞伯牙或许只是中国历史上非常著名的一介琴师，正是有了钟子期，才有了尽人皆知的名曲《高山流水》，才会为琴师俞伯牙增添上这样一个知己朋友的美丽故事，使得俞伯牙有了比琴师更响亮的身份和符号。范仲淹也是如此，如果没有伯乐知音晏殊、王曾这些人对他的赏识，或许他也就是北宋庞大的官僚体系中的一粒尘埃，而不会有后来的"庆历新政"，也不会有后人对他的千古传颂。名满天下的晏殊自不待言，两朝老臣王曾同样也是一个"识货"的人。

王曾出生于太平兴国三年（978），这是一个真正的有才之人，宋真宗咸平五年（1002），他考取殿试第一名，加上他在之前的解试和省试中均考取了第一名，他成了极为罕见的连中三元的大才子。范仲淹和王曾是极为有缘的，宋仁宗皇祐四年（1052）去世的范仲淹，比王曾去世晚14年，但是两个人的谥号都是"文正"，且在配享宋仁宗庙庭的三人中，王曾的位置最高（其他两人是曹玮和吕夷简）。前文范仲淹在《上执政书》中提到的史馆相便是王曾，然而此时王曾的官职是中书侍郎兼吏部尚书，被授予同中书门下平章事加昭文馆大学士监修国史，他一人身兼首相和次相的职务，位高权重，毫不夸张地说此时的王曾是除了仁宗和刘太后以外，整个北宋王朝权力最大的人。但位高权重，并不代表着此时的王相公高高在上而不平易近人。范仲淹的《上执政书》最终还是摆上了王相公的案头。这篇上书使得当时大权在握的王曾对范仲淹的才能有了新的认识，意识到范仲淹是一个可用之才。当王曾见到范仲淹的《上执政书》时，大为赞赏，这也成为天圣六年（1028）王曾向晏殊推荐范仲淹的一个重要前提。

天圣五年（1027），范仲淹的第二个儿子范纯仁出世。据说，范仲淹的妻子李氏生范纯仁时梦到一个小儿从月亮之中掉了下来，便急忙用衣服把这个小孩子兜住包裹好，接着便生下了范纯仁。范纯仁自小聪明，8岁时便能讲授先生教授的书籍。进士及第后调任到武进县担任知县，但是他因为远离亲人而不去赴任，朝廷便把他调入到长葛县，他同样不去赴任。范仲淹询问他为什么不到长葛县任职，范纯仁回答说："怎么能因为看中俸禄而远离父母呢？长葛虽然距离亲人很近，但也不便于赡养。"于是，直到范仲淹去世，范纯仁才正式出仕。

长兄范纯祐罹患恶疾，范纯仁侍奉极为尽心，就像侍奉自己的父亲一样，贾昌朝聘请他担任僚佐，他因为地远不能照顾兄长便推迟了，即便是父亲生前挚友富弼劝他出仕，他也没有答应。政坛上的范纯仁，丝毫不亚于他的父亲范仲淹。在神宗朝，范纯仁虽然反对王安石过于更张和搜敛的变法措施，但是神宗还是希望他上奏古今治乱事迹以提供借鉴。做官不顾念私情，面对富弼不肯为相而使王安石有机可乘，范纯仁便写信给富弼以望其自省。当王安石要把范纯仁贬黜到外地时，神宗说范纯仁无罪，把他外放到一个好的地方。在宋哲宗元祐三年（1088），范纯仁官拜尚书右仆射兼中书侍郎。徽宗建中靖国元年（1101），75岁高龄的范纯仁去世。但是他的幼子和5个孙子都还是白身，没有因为范纯仁的官职和荫庇得到官职。政坛上的范纯仁，受到了乃父范仲淹家国情怀的熏陶，是一个公而忘私的人。

天圣六年（1028），此时的范仲淹年及不惑。时光回到东汉建安十二年（207），此时的曹操年过半百，现已53岁，但平定乌桓叛乱后的他更多的是意气风发，一曲《龟虽寿》流传千古，其中的千古名句"老骥伏枥，志在千里"更是道出了曹孟德的豪情壮志。

这一年的南京应天府是忙碌的，年及不惑的范仲淹也是忙碌的。他受邀执掌睢阳书院，入职后他更加注重睢阳书院的发展。"登斯缀者，不负国家之乐育，不孤师门之礼教，不忘朋簪之善导。"

在这篇文章中首先回顾了自北宋开国以来睢阳书院的发展，赞颂了戚同文和曹舜斌这两位对睢阳书院的发展至关重要的人，大力颂扬了书院良好的学风和培养的众多人才。但是文正公作此文早已超越了睢阳书院本身，而是把目光聚集在了整个教育的发展上。一方面，他希望借此把睢阳书院的模式推向全国，希望天下的学校都能按照这样的模式发展，使得天下的众人，都能够达到很高的学问造诣。另一方面，则是对天下士子的规劝和鼓励，他希望天下的学子们不要辜负国家的培育之恩，要尊师重道，不要忘却了师长的言传身教，不要忘记同窗好友的谆谆开导。

他聘请才学之士在睢阳书院讲学，以促进睢阳书院的进一步发展，他于这一年写成了《代人奏乞王洙充南京讲书状》。在这篇状中范仲淹极陈了教育和师长的重要性，希望相关部门允准王洙能够从说书的位置转变到讲书这一个职任上来。王洙比范仲淹小8岁，但是他学识渊博，是北宋前期的著名学者，并且是范仲

第三章 仕才初露

淹当年在睢阳书院求学时的同窗，所以范仲淹对王洙的学问非常了解，因此范仲淹也是一个知人善任的伯乐。

虽然范仲淹"结庐在人境，而无车马喧"，但是此时的他心中装着的还是天下万民。天圣六年（1028），范仲淹作《四民诗》以抒怀。四民者何？士农工商便是。这四类概括了天下万民，范仲淹分别为这四民作诗。

在《士》篇中，范仲淹认为国家招贤纳士，读书人做官应该把德行和忠孝仁义放在第一位，然而现在的官僚队伍把这些大道理撇在了一边，导致歪门邪道乘虚而入，助长了整个官僚队伍的不正之风。范仲淹对于这样的境况痛心疾首，他最后无奈地请求虚无的造物者能够扭转这一趋势。

在《农》这一部分中，范仲淹回顾了上古时期农民淳朴的品质，一方面痛心于当今农民的不知勤俭和竞相攀比，另一方面更加痛心于国家不顾农民死活横征暴敛。他痛心地说："如果神农和后稷真的有知的话，估计也会为这种情况哭泣吧！"

在《工》这一部分中，认为工匠、手工业者是上古先王教出来的"百公"的后代，周公旦为了传承这种精神和面貌，作了《考工记》。但是伴随着社会风气变得日益浮华，工人遭受到的是无尽的剥削和压榨，不仅朝廷百司如此，僧道们同样在无尽地压榨和剥削工人。最后他大声疾呼"此风不除，国无宁日"。

在最后的《商》这一部分中，范仲淹清楚地认识到了商人在社会和国家中起到的重要作用，认为他们"上利国家，下益普通百姓"，商人的职责在于流通万物，使得物价稳定进而维护社会秩序，他们的所作所为绝不是简单的"逐利"两个字就能概括。范仲淹在回顾了商人千百年来遭受的不公平待遇后拍案而起，不禁反问那些所谓的君子——"商人有什么罪过呢？君子竟然以和商人做邻居感到耻辱！"最后希望国家能够接受这些建议，尽力改变社会上的不良风气，还商人群体一个公正的地位和待遇。《四民诗》很好地反映了范仲淹的民本观念，也表现了他高屋建瓴的见解。

虽然此时的范仲淹刚到 40 岁，但"不惑"这个词或许正好可以形容此时的范仲淹，此时的范仲淹或许整体上少了很多的疑惑和困惑，更多的是对这个国家和民族的深入了解。以至于自己的胸臆豁然开朗、云开雾散，所以这一年他再次向朝廷上书，更加高瞻远瞩地陈说国家得失、民间利弊。这次上书再次得到了王曾的青睐。此时的朝廷正缺少一名馆职，王曾一览此书后，会有什么反应呢？这个馆职又花落谁家呢？年及不惑的范仲淹是否会在仕途上更上一层楼呢？

第四章

从容进谏

天圣六年(1028),范仲淹再次给朝廷上书,分析朝政得失以及民间利弊。这份上书被宰相王曾看到了,甚是叹服。当时需要推荐一名官员入秘阁,王曾对晏殊说:"您对范仲淹非常了解,不会舍弃他而举荐别人吧?"在晏殊的眼里,范仲淹就是最合适的秘阁校理人选,于是他就写了一封举状。状文内容大致是说:"大理寺丞范仲淹为学精勤,文章典雅。在地方为官时,政声有闻。出任泰州兴化县知县期间,修复海堰,保一方百姓免受海潮侵袭。丁忧期间,我邀请他执掌应天府书院,他敦劝徒众,讲习艺文。能够独守贫素,体现了一位儒者的修养,实有可称道之处。希望他能够进入秘阁,发挥他的特长,为朝廷做出更大贡献。"这一年,范仲淹在晏殊的举荐下,出任秘阁校理。从地方到了中央,范仲淹有了更多上奏谏言的机会,但这些奏章谏言也没少给他带来麻烦。

一、废后风波

在中国古代,皇帝册封皇后算得上是天下大事。有的皇帝可以选择自己心仪的女子立为后,而有些皇帝则不得不和一些政治势力作斗争,甚至被迫妥协而选择自己并不满意的女子为后。宋仁宗就是这样的一位皇帝。

当初,宋仁宗中意张美之的曾孙女张氏,并想立为皇后,但刘太后希望他将宋太祖时期宿将郭崇的孙女、应州(今山西省朔州市应县)人郭妃册立为后。此时的仁宗没有选择的余地,他不能遵从自己的内心选择而只能服从刘太后懿旨,接受他并不喜欢的郭妃。天圣二年(1024),郭妃被册封为皇后。

那么,能有这么大能量使宋仁宗无法选择自己心仪皇后的刘太后又是何许人呢?刘氏祖籍太原,后迁至益州华阳(今四川省成都市)。她的祖父刘延庆,在五代时期担任过后晋、后汉政权的

第四章 从容进谏

右骁卫大将军。她的父亲刘通在宋初时，跟随潘美南下作战，参与北上对北汉的战争，任虎捷都指挥使，领嘉州刺史。太平兴国四年（979），随宋太宗再次讨伐北汉，死于军中。刘氏是刘通的次女。刘氏后来被外姓收养，年纪稍长，由同乡龚美带到了京城开封，15岁时进入赵恒的襄王府邸。由于长得秀美又善于播鼓，襄王被她迷得神魂颠倒。而赵恒的乳母秦国夫人看到刘氏后，认为她过于妖媚，偷偷向宋太宗打了个小报告。宋太宗听闻后勃然大怒，诏令赵恒必须要把刘氏逐出襄王府。赵恒鉴于父命难违而自己又不舍得刘氏，只得将她藏于王宫指使张耆的家里。至道三年（997），宋太宗驾崩，赵恒即位为宋真宗，便迫不及待地派人把刘氏接回宫中，封为美人，直至晋位为德妃，让整个后宫嫉妒不已。

景德四年（1007），宋真宗的皇后郭氏病逝。皇后之位空缺，后宫中暗流涌动，晋位为德妃的刘氏也在觊觎皇后之位。宋真宗也有意立她为后，但遭到一众大臣的激烈反对。在他们看来，刘妃的出身不好，沈才人才是合格的皇后人选。这位沈才人是宰相沈义伦的孙女，她的父亲是光禄少卿沈继宗，出身高贵。不过，真宗最终还是册封刘妃为后。李宸妃生了皇子之后，刘皇后把他当作自己的儿子，与杨淑妃一起把这位皇子照顾得很好。这位皇子就是后来的宋仁宗。

天禧四年（1020），宋真宗病情日渐严重，朝中大事多由刘皇后决断。这主要是因为刘皇后生性警敏，也通晓史书，朝中大臣议论某事，她就能大概猜中事情的个中原委，因此成了宋真宗批阅密奏时的得力助手。但是，时任宰相寇准认为由刘皇后处理政务不妥，秘密上奏宋真宗请由皇太子代理国事，但事情泄露，寇准也被罢了相位。宋真宗去世后，根据遗诏尊刘皇后为太后，国家军政大事均由她处理。

有这样一位强势的太后在身边，宋仁宗被迫收敛锋芒，隐忍不发。碍于刘太后的面子，宋仁宗与郭皇后得过且过。日子久了，二人倒也相安无事。然而随着宋仁宗相继宠幸尚美人、杨美人，让郭皇后非常失落。尚、杨二人倚仗着自己被皇上喜欢，多次与郭皇后发生争执。有一天，尚美人在宋仁宗面前告了郭皇后的状，被她知道了。郭皇后当着宋仁宗的面与尚美人对质，其间发生了争斗，愤怒的郭皇后欲打尚美人的脸，宋仁宗起身保护尚美人而挨了郭皇后一巴掌。这让宋仁宗龙颜大怒，郭皇后纵是平日里飞扬跋扈惯了，心里也是哆嗦，毕竟是打了皇上啊。这时，入内都知阎文应乘机向宋仁宗说，应该废了这样的皇后，并且劝他把伤痕给宰相瞧瞧。宋仁宗就顺水推舟，把自己脖子上的伤痕给当时的宰相吕夷简看，并告诉了他被郭皇后误打的原因。

第四章 从容进谏

之前，郭皇后曾向宋仁宗吹枕边风而致吕夷简被罢免了宰相，这让吕夷简一直耿耿于怀，等待报复的机会，而宋仁宗被郭皇后误打这件事，让他觉得自己的机会来了。他对宋仁宗说："这样的皇后应该被废除，况且古代有这样的先例。"宋仁宗此时还是有些犹豫，毕竟废后是大事，需要慎重，还需要寻找更合适的理由。大臣范讽在吕夷简的授意下，向宋仁宗进奏说："郭皇后不能生子，于义当废。"这番奏言对于郭皇后而言，无疑是致命的一击。

而中丞孔道辅、谏官御史范仲淹以及段少连等10余人跪在大殿门口想要极力劝阻，说郭皇后打人是有失礼仪，但罪不至于被废，宋仁宗并未理会他们的谏言。第二天，范仲淹又向群臣动议由宰相出面，上朝向宋仁宗当面力争，但他刚到待漏院，宋仁宗就下令让他到睦州出任知州，孔道辅等人也被贬黜。他们没能阻止宋仁宗废后的决心。明道二年（1033），郭皇后被封为净妃、玉京冲妙仙师，赐名清悟，安居在长乐宫。第二年，出居瑶华宫。尚美人也被废黜，在洞真宫入道；杨美人也受到处分，被安置在其他宅院里。又过了一些时日，居于瑶华宫的废后郭氏被赐号金庭教主、冲静元师。奇怪的是，《宋史·郭后传》里说，有一阵子宋仁宗十分想念郭氏，派人前往问候，还赐给她乐府，但郭氏并未谢恩，言语中透露着凄凉哀伤。宋仁宗也曾有意再召郭氏入宫，但郭氏非常坚决地回复："若是再次被召入宫，必须要百官立班接受册封才行。"后来郭氏生了一场病，宋仁宗派阎文应带着太医去给她诊治，蹊跷的是，几天后郭氏暴亡。当时的人们传言是阎文应下药毒死了郭氏。这也只是传闻而已，并未有证据证明确实是阎文应所为。听到郭氏暴亡的消息后，宋仁宗向她表示深切哀悼，追复她为皇后，但取消了谥册袝祭的礼仪。

天圣七年（1029）十一月冬至，刘太后要过生日，宋仁宗率领文武百官到会庆殿给她祝寿。这在范仲淹看来非常不合适，所以他就极力劝谏说："皇帝在内宫侍奉自己的母亲，自然是行家人之间的礼节，但是您若和百官站在一起，向着南面跪拜，这不是给后代树立的良好典范啊。"这一谏言，让范仲淹的荐主晏殊吓得不轻，他批评范仲淹过于狂率邀名，会连累到推荐之人的。而范仲淹则正色回答道："我因受到您的举荐而每每感到自己不合格，也深深感到惭愧，不承想今天我反而以忠直得罪了您。"晏殊听完，竟无言以对。后来，范仲淹又专门给晏殊写了一封信，说明自己为何要给宋仁宗上奏书，让晏殊自愧不如。耿直的范仲淹在这件事之后，又向刘太后上书，请求她把权力还给宋仁宗，而刘太后显然并不理会他的建议。过了一年，范仲淹认为宋

第四章 从容进谏

仁宗春秋已盛，具备独立处理政务的能力了，再次上书刘太后，请求她卷收大权，归政宋仁宗，这样她就可以享天下之养了。由于一而再，再而三地上书给刘太后，致使刘太后终于忍无可忍，把范仲淹贬出朝廷，到河中府（今属山西省永济市）任通判。

即使自己被贬黜，范仲淹仍然坚持上书直言。天圣八年（1030）三月，朝廷正在修建太乙宫和洪福院，由于需要大量木材，就到陕西去收购。正在河中府任通判的范仲淹，认为这样的做法不得人心，就向朝廷奏言应该停止修建寺院宫观，并且需削减购买木材的数量。在谏言中，范仲淹还说："近年来，一些亲信大多由宫内直接任命官职，这不是承平时期的制度。"这一年，范仲淹还向朝廷进奏《减郡邑以平差役》。认为这一时期州县吏役繁重，与农时相冲突，不利于耕种，或导致粮库储粮告急，民财不丰。范仲淹指出汉光武帝时期，省并全国400多个县，使官吏职数大幅减少，建议朝廷如果想要解决烦苛之役，真正使老百姓能获利的话，应该效仿汉光武帝之法。宋仁宗看到这些奏章后，表示赞同，并认为范仲淹是忠诚的。

天圣九年（1031）三月，范仲淹的第三个儿子范纯礼出生。次月，范仲淹迁太常博士，调任陈州（今属河南省周口市）通判。在陈州期间，他给朝廷写了一份奏章，请求将磨勘转官恩泽移赠他的亡父母。在这份奏章里，范仲淹言辞恳切地写道："自进士及第释褐除授京官，已7年有余，一直不敢向朝廷请求磨勘。如今，我即将要将我母亲的灵柩迁葬到洛阳，但我亡父母还未受到朝廷封赠。现在回想起我尚在襁褓时，失去了亲生父亲，母亲慈爱过人，含辛茹苦地将我养大。待我长大外出游学，我母亲又常常因思念我，经常流泪导致眼睛几乎失明。等到我有能力奉养我母亲的时候，她却永远离开了我。这样的养育之恩，我却无法在她在世的时候报答她。我现在正值壮年，还有时间等待晋升，因此，我向朝廷请求将我磨勘转官的恩泽，移赠给我的亡父母，让他们在天之灵也可享受这份隆恩。"

明道二年（1033）三月，喜欢身穿龙袍、威震天下的刘太后去世。宋仁宗率领大臣们将刘太后陪葬在宋真宗的永定陵，谥号"章献明肃"。开了临朝称制皇后赐4个字谥号的先河。刘太后虽然临朝听政，大权在握，但她始终没有效仿武则天称帝。虽然有大臣怂恿她行武后故事，她却认为这样做对不起北宋列祖列宗。

刘太后逝世以后，范仲淹从陈州调回朝廷，被宋仁宗任命为右司谏。这时，很多官员向宋仁宗揭露刘太后的所作所为。而范仲淹十分冷静，他说："刘太后是得到先帝宋真宗的遗命，保护教导皇帝10余年。大家应该客观评价她，不要放大她曾经犯下

第四章 从容进谏

的错,以保全太后的德行。"宋仁宗听从了范仲淹的建议,下令今后无论朝廷内外,都不得擅自议论刘太后时期的事情。但是,刘太后临终前诰命指定太妃杨氏为皇太后,参与处理军政大事。范仲淹又向宋仁宗上奏,说:"太后是皇帝母亲特有的尊号,自古以来都没有因为养育而代立的。现在章献太后已经去世了,如果又立一位太后,那么天下的人就会怀疑您是一位不能离开母亲辅佐的帝王了。"

这一年的七月,范仲淹执掌国子监。全国发生了大旱灾和蝗灾,尤其以江淮和京东地区尤为严重。他忧心忡忡地上奏请求朝廷派使者到灾区巡视,但没有得到宋仁宗的答复。有一天,范仲淹找准机会,当面向宋仁宗上言说:"如果皇宫中半天没有饭吃,陛下您觉得会发生什么呢?"到了八月,宋仁宗心生悲悯,就命令他到江淮地区视察。范仲淹每到一地,一方面要求地方官府打开粮仓救济百姓;另一方面,禁止老百姓做一些不合适的祭祀活动。数月后,范仲淹从江淮地区巡视结束后返回朝廷。他向宋仁宗奏明当地的灾情,又请求朝廷免除庐州和舒州等地折算劳役的茶钱、江东地区按人口征收的盐钱,并提出革除弊病的建议。范仲淹还向宋仁宗、后宫嫔妃及众大臣展示了一种江淮地区灾民吃的乌昧草(即野燕麦,一种恶性杂草),希望大家能够体恤百姓,避免奢侈浪费。

二、再谪姑苏

景祐元年（1034）的春天，由于受到废后风波的牵连，范仲淹被贬出了朝廷。范仲淹及其他大臣被贬外放，引起了朝廷内外一些大臣的愤怒。富弼即上奏宋仁宗说："废黜皇后，本已犯错，而贬黜极力劝谏的大臣，就是错上加错。如果皇后被废的事情已经没有回旋的余地，那么朝廷应该立刻收回贬黜范仲淹的诏令。"此时的宋仁宗，正得意于自己废后的胜利当中，没有理会富弼等大臣的上奏，范仲淹还是到睦州出任知州了，这距他上次从陈州被召回朝廷尚不足一年时间。

被贬往睦州的范仲淹仍对郭皇后被废一事念念不忘，一路嘀咕，写下了这首《谪守睦州作》：

重父必重母，正邦先正家。

一心回主意，十口向天涯。

铜虎恩犹厚，鲈鱼味复佳。

圣明何以报，殁齿愿无邪。

第四章 从容进谏

睦州即今天浙江省杭州市淳安县、桐庐县以及建德市一带。范仲淹是带着妻儿等一家 10 口人来睦州的。他们赶赴睦州的路途并非一帆风顺，途经淮河时，他们租的船遇到大风浪，险些被吹翻。遇见此情此景，范仲淹写下了《赴桐庐郡淮上遇风三首》：

圣宋非强楚，清淮异汨罗。
平生仗忠信，尽室任风波。
舟楫颠危甚，蛟鼍出没多。
斜阳幸无事，沽酒听渔歌。

妻子休相咎，劳生险自多。
商人岂有罪，同我在风波。

一棹危于叶，傍观亦损神。
他时在平地，无忽险中人。

一路上虽然很是艰辛，但渐近睦州时，范仲淹被附近的绝美水色所深深吸引，也生发出无限感慨。为此他写了《出守桐庐道中十绝》：

忧乐系天下：范仲淹

陇上带经人，金门齿谏臣。
雷霆日有犯，始可报君亲。

君恩泰山重，尔命鸿毛轻。
一意惧千古，敢怀妻子荣？

妻子屡牵衣，出门投祸机。
宁知白日照，犹得虎符归？

分符江外去，人笑似骚人。
不道鲈鱼美，还堪养病身。

有病甘长废，无机苦直言。
江山藏拙好，何敢望天阍？

天阍变化地，所好必真龙。
轲意正迂阔，悠然轻万钟。

万钟谁不慕？意气满堂金。

必若枉此道，伤哉非素心。

素心爱云水，此日东南行。

笑解尘缨处，沧浪无限清。

沧浪清可爱，白鸟鉴中飞。

不信有京洛，风尘化客衣。

风尘日已远，郡枕子陵溪。

始见神龟乐，优优尾在泥。

绝句所提到的子陵，就是东汉名士严光，他曾隐居于富春山下，富春山也因他而别名严陵山。严光（前39—41），本姓庄，因避东汉明帝刘庄讳而改姓严，一名遵，字子陵，会稽余姚（今浙江省余姚市）人。严光学识渊博，少年成名，在太学读书时与刘秀为同学，曾帮助刘秀起兵谋得皇位，刘秀即东汉光武帝。事成之后，他因拒绝为官，选择退隐山林，在富春山（今浙江省桐庐县）设馆授徒，悠然自乐。他非常享受这种隐居生活，喜欢到富春江边钓鱼,后人就把他经常钓鱼的地方叫作"严子陵钓鱼台"。

此时的严光,并不知道已经做了皇帝的刘秀正派人到处找他。有一次,严光在钓鱼时被人认出,当地县令随即报告给刘秀,刘秀也派人把他带到了京城洛阳。虽然严光百般拒绝高官厚禄,但刘秀见到他还是非常激动。有一天晚上,刘秀与严光夜谈。刘秀问严光:"你觉得我做了皇帝后跟以前比怎么样?"严光只是随口应答:"还行,有点进步。"二人聊到深夜,刘秀并未返回宫中,而是留宿在严光住所。严光故意呼噜连连,还把腿架在刘秀的身上,而刘秀觉得没什么。皇帝一夜未归,可吓坏了众大臣和侍卫,第二天刘秀回宫后,面对他们的追问,轻描淡写地说:"我昨晚睡在严光那里了。"即使如此,严光仍然拒绝做官,刘秀只得作罢。80岁那年,严光病重,回到余姚陈山,不久后病逝。当地人为纪念他,把陈山改名为"客星山"。严光的高风亮节,深深感染了范仲淹。范仲淹在《桐庐郡严先生祠堂记》中这样称赞严光:"先生之心,出乎日月之上","云山苍苍,江水泱泱,先生之风,山高水长"。

在睦州,范仲淹渐渐忘却被贬时的伤感和落寞,工作之余也常常与同僚纵情山水,吟诗唱和,好不逍遥。比如在《游乌龙山寺》中写道:"高岚指天近,远溜出山迟。万事不到处,白云无尽时。异花啼鸟乐,灵草隐人知。信是栖真地,林僧半雪眉。"这些绝美景色,让范仲淹诗意连连,他甚至以"萧洒桐庐郡"为首句,连写了10首绝句:

萧洒桐庐郡,乌龙山霭中。
使君无一事,心共白云空。

萧洒桐庐郡,开轩即解颜。
劳生一何幸,日日面青山。

萧洒桐庐郡,全家长道情。
不闻歌舞事,绕舍石泉声。

萧洒桐庐郡,公余午睡浓。
人生安乐处,谁复问千钟。

萧洒桐庐郡,家家竹隐泉。
令人思杜牧,无处不潺湲。

萧洒桐庐郡,春山半是茶。
新雷还好事,惊起雨前芽。

萧洒桐庐郡,千家起画楼。
相呼采莲去,笑上木兰舟。

萧洒桐庐郡,清潭百丈馀。
钓翁应有道,所得是嘉鱼。

萧洒桐庐郡,身闲性亦灵。
降真香一炷,欲老悟黄庭。

萧洒桐庐郡,严陵旧钓台。
江山如不胜,光武肯教来?

范仲淹面对薄雾中若隐若现的苏龙山,心情突然放空,感到潇洒空灵。他觉得在这里生活的百姓应该是非常幸福的,他们在住所打开门窗就能看到绵绵青山。他也看到这里的百姓,不分长幼,可以聚在一起闲聊,其乐融融,而不必被山外的事情羁绊。

在这里，若是燃上一炷香，看袅袅香烟，便感觉人生安乐，心无杂念，不禁使人领悟到《黄庭经》的真谛，而忘却俸禄是否丰厚。范仲淹认为如此胜景，才吸引当年的严光来此隐居，不问世事。这里的美景，也让范仲淹觉得自己远离了朝堂上的勾心斗角和尔虞我诈，心境也随之豁然开朗了。

山水之乐还没来得及享受完，数月后，范仲淹又被调往苏州。这一调令出乎了他的意料，按照宋代的制度规定，他其实是不能回到苏州任职的。这是因为宋代官员在地方任职时需要回避本籍。实施这一制度规定的出发点，在于防止官员在地方上形成盘根错节的裙带关系和势力范围，避免官员在地方上处理公务时受到人际关系的干扰，从而预防权力腐败，巩固中央集权。这一制度从汉代时即已实行，到唐代时成为定制。在不同历史时期，对官员回避的地域范围有不同的要求，唐代时规定地方长官一律不得在本籍以及周边州县任职；宋代则要求官员回避籍贯本州或本府。范仲淹是熟悉本朝制度规定的，因此他向朝廷上书，请求改调他处。

但是这一年的夏天，苏州已经连续下了很多天的大雨，导致洪涝灾害严重。从朝廷到民间，人们都在议论这里的大水灾。朝廷看中了范仲淹在泰州时治水的能力和经验，破例将他调任本籍苏州任职。到达苏州后，范仲淹看到眼前的情景十分焦急，立即带领属下马不停蹄地进行各种走访。经过一番实地勘察后，范仲淹发现苏州地势低下，境内河道堰塞，太湖水位太高，导致积水不能及时流入东海，容易形成内涝。而又因苏州距离大海不远，涨潮时往往会带来海水倒灌，治理不易。转眼到了秋天，暴雨积成的洪水仍没有消退的意思。阡陌农田被淹了，农民颗粒无收，百姓面临饥饿的威胁。

在掌握了苏州水灾的整体情况后，范仲淹给朝廷上了封奏章。在奏章中，他说自己到达苏州初期，对大水的情况还不太了解，只是听到各种关于水灾的议论。等到他实地勘察后，也进行了一番思考，已经掌握了水灾的具体情况。他分析了苏州的地理特点以及河道走势，境内的大水需要经过河道首先排入太湖，再经由太湖及其附近河道流入扬子江或者松江后汇入东海。而太湖的容量也不是无限的，由于这些河道年久失修，导致淤泥沉积，所以每当雨季来临，就会出现湖溢江壅、泛滥成灾的严重问题。

因此，范仲淹向朝廷提出治理水患的基本思路就是疏浚河道。不过，范仲淹还是有所顾虑的，毕竟自己是被贬到此地出任父母官的，也有很多人反对他提出的治水思路，这让范仲淹感觉心里不踏实。这时，他的好友吴遵路写了一封信，在信中，吴遵路对

第四章 从容进谏

他的治水思路深表赞同。这让范仲淹感觉如沐春风,心情大好。他随即给吴遵路回信,并写了一首诗《依韵酬吴安道学士见寄》:

> 圣君贤相正弥纶,谏诤臣微敢狗身。
> 但得葵心长向日,何妨驽足未离尘。
> 岂辞云水三千里,犹济疮痍十万民。
> 宴坐黄堂愧无恨,陇头元是带经人。

在诗中,范仲淹非常明确地表达了救济苍生的强烈愿望。幸运的是,他的治水方案最终得到了宋仁宗及宰执们的充分肯定。在得到朝廷的同意后,一个大规模的治水工程开工了。范仲淹征募流离失所的百姓,疏通苏州境内的黄泗、福山、三丈、白茆、奚浦、浒浦、七丫、下张以及茜泾等9条大小河道,新建和修复了一些用于控制泥沙和水流的闸门。当治理工程如火如荼地进行时,朝廷的一纸调令下来,要范仲淹去明州(今浙江省宁波市)。好在范仲淹的上司给朝廷上了封奏章,说明范仲淹离任苏州会对工程进展造成极大不利。一个月后,范仲淹又从明州调回了苏州,继续主持治水工程并最终取得成功。上述经范仲淹治理过的一些河道,至今仍发挥着作用。这是范仲淹对苏州的一项重要贡献。

苏州的洪水退却后，当大家都开始忙于灾后重建，恢复家园时，范仲淹也得空拜访范氏族人，他也萌生了在此地购置田宅的想法。此后一段时间，范仲淹四处走访，看中了南园旁边的一块地，这里与著名的沧浪亭两两相望。南园曾是五代时期吴越钱氏府邸旧址，"高木清流，交荫环丽"，环境甚好。慎重起见，范仲淹还请来了堪舆家进行察看。这位堪舆家看到这块地后连声说妙，向范仲淹介绍道："这一片区域位于卧龙街上，街的北面是北寺塔龙尾所在，而南园恰好是龙头的位置。您若在此兴建宅院，必定会世世代代出公卿。"堪舆家的一番话让范仲淹颇为心动。他盘算着若只有他一家安家于此，只能一家显贵，而天下兴亡的关键在于培养人才，如果在这里建个学校，推广教育，那整个天下不都显贵了吗？

这个念头闪现后，范仲淹决定将这块地捐献出来，设立"义学"，希望天下读书人都能来这里接受更好的教育。他开始着手规划学舍建筑，并形成了左庙右学的基本格局。这一建筑格局后来成为宋代州县学舍建筑的样板，并成为定制。学舍的建设完工后，范仲淹思考的是，要选择好的老师到这里从事长育人才的工作。在择师的问题上，范仲淹特别慎重，他认为只有得到名师，"尚可教人"，不然兴学就是一个空谈。而哪些人符合名师的标准呢？范仲淹认为，有师德、有责任心、学问好、善于启发学生的老师才是名师。在这一标准下，范仲淹想到了两个人，一位是当年受他接济的秀才，后来声名鹊起的孙复，一位是胡瑗。不过，孙复和胡瑗私交不太好，二人在太学时常常互相避免见面。孙复的经学水平很高，但在教育教学方面水平一般，而胡瑗正好相反。范仲淹认为将此二人延揽过来，可以取长补短。于是，范仲淹分别给他们写了一封长信，希望他们能来苏州讲授经籍，教育人才。

全国各地的读书人听到孙复和胡瑗要到苏州讲经授徒的消息，纷纷赶来。胡瑗充分发挥他的特长，制定了严格的州学规章制度。所以《苏州府志》里记载："吴郡有学，起范文正公（范仲淹）；而学有教法，起胡安定（胡瑗）。"胡瑗本着"明体达用"的经世思想，创立了"经义"和"治事"两个学斋，附设小学。根据生徒兴趣志向以及才智，分类教授。"经义"主要讲授六经；"治事"的授课内容主要包括治民、讲武、水利以及历算等。修"治事"的生徒除了主修一门课程外，还需选修一门其他课程，使生徒通过系统学习，真正成为专业而又具备综合能力的高素质人才。孙觉、范纯仁、滕元发等一批杰出人才正是从这里走出学斋，名扬天下的。范仲淹创立的州学对当时北宋教育事业的发展，起到了强有力的示范作用，也为后代王朝的教育树立了榜样，成为一座丰碑，让后世万民永远敬仰与感念。

三、开封府尹

"开封有个包青天，铁面无私辨忠奸，江湖豪杰来相助，王朝马汉在身边……"小时候，只要这首歌一响起来，我和我的玩伴会立刻冲向电视机旁，跟随大人一起观看电视剧《包青天》。电视剧里的主角包青天包大人铁骨铮铮，穿着官服，十分威严。他审判案件的地方放着龙头铡、虎头铡、狗头铡等刑具，令犯了罪的皇亲国戚、文武大臣胆战不已。这部电视剧演绎的就是北宋的开封府以及发生在开封府里的故事。那么开封府是一个什么样的机构？它的长官又是些什么人呢？

说到开封府，有必要先来说一说北宋的首都为什么会定在开封。北宋立国之初，在都城的选择问题上曾发生过激烈的争论。在一些大臣看来，开封地处平原地区，地势开阔，没有天然屏障，无险可守。而另一些臣僚则认为，开封是中原要冲，交通便利。宋太祖内心是希望另选都城的，一方面可以据山河之险保护首都，而不必动用大量兵员；另一方面则是希望借迁都避开一些政治势力，所以他希望能将都城迁至洛阳或长安。后来成为宋太宗的赵光义则坚决反对，认为天子安定天下的关键在德行而不是

第四章 从容进谏

地势的险要。虽然宋太祖后来还有过迁都的念头,但最终还是向各方势力妥协,选择定都开封。但他坚持认为将都城定在此地,"不出百年,天下民力便会衰竭了"。

北宋将都城定在了开封,此地自然也就成了全国的政治、经济以及文化中心。它也由原唐末五代时期的汴州治所一跃而成为一个王朝的首都,一度成为当时世界上最为繁华的大型城市。开封府衙署建筑初建于五代时期,因坐落于皇宫的南面,因此被称为"南衙",又因为在皇城脚下,所以号称"天下首府",是管理都城开封以及周边地区的重要机构。作为位居首都的"京府",地位显赫,它伴随北宋王朝历经沉浮。可惜的是,开封府原有建筑群已经湮没于历史的尘埃中。20世纪90年代末,在开封市龙亭区包公湖北岸,依照北宋李诫《营造法式》的记载,于原址重建开封府衙署建筑群。在整个建筑群中,以府门、仪门、正厅、议事厅以及梅花堂为中轴线,两边分列天庆观、明礼院、潜龙宫、清心楼、牢狱、英武楼和寅宾馆等。

开封府的最高长官被称为"开封府尹",说到开封府尹,受后世文学作品和戏曲的影响,很多人想到的便是那位日断阳夜断阴的青天大老爷包拯。而在古装大剧《清平乐》中包拯形象返璞归真,没有了月牙形象。那么,真实的包拯是怎样的?他为什么会演变成戏曲中的半人半神形象？

对于真实的包拯，知开封府只是他人生旅途和仕宦生涯中的一站。宋真宗咸平二年（999），包拯出生于庐州合肥（今安徽省合肥市），宋仁宗天圣五年（1027）进士及第，自此踏上仕途。在嘉祐元年（1056）从池州任上诏任知开封府，包拯在这一职位上历时一年有余。在任期间，大胆改革，如旧制规定但凡诉讼之人不能直接到开封府正堂，但是包拯直接打开正门，使人们能够径直到达申诉冤屈，而府吏不敢阻止。大宦官的家族建造园地导致惠民河不通，包拯不畏强权秉公办理。他为官清廉，不畏权贵，于是"普通的小孩子和妇女也知道包拯的名字，称呼他为'包待制'，开封府流传着'关节不到，有阎罗包老'这样一句话"。这是《宋史·包拯传》的相关记载，对于普通人而言，印象深刻的还是那位拥有三口御铡、额头有月牙的包青天。

相对于神化了的包青天，历史上的开封府尹则是一个特殊的官员群体，是北宋政坛中的一支重要力量，在一定程度上反映着这个王朝政治上的变更。这些长官的名字被刻在了《开封府题名记》《开封府尹题名记》两块石碑上。《开封府题名记》碑原件高2.14米、宽0.96米、厚0.24米，现藏于河南省开封市博物馆。碑文除局部模糊外，大体可辨。碑文较为翔实地刻录了北宋开封

第四章 从容进谏

府官长的任用情况，从宋太祖建隆元年（960）二月，一直到宋徽宗崇宁四年（1105）闰二月，共183任次。《开封府尹题名记》碑，已损毁于20世纪六七十年代。不过，幸运的是，这块碑碑文的内容被明代的《如梦录》收录，所记官员的名字从崇宁四年（1105）的李孝寿（时为权知开封府尹）开始，一直到上官悟（宋高宗建炎三年权东京副留守），共48名，末附金代一任韩仲适。不过这两块碑文所记载的名字还是有遗漏的。今天我们保守估计整个北宋一朝，至少有250余人次担任过开封府尹。

北宋初期，开封府尹一般不常设，主要由亲王担任，负责首都的刑狱以及辖区内民政事务。如果是亲王担任的话，则是号称"判南衙"。其他大臣担任的话，则必须要带"权"字，候选人一般出自翰林学士、枢密直学士、给事中、右谏议大夫、中书舍人、龙图阁待制、龙图阁学士、龙图阁直学士、知制诰、天章阁待制、宝文阁直学士、端明殿学士、户部侍郎、工部侍郎、刑部侍郎等官职。开封府尹一职是官员晋升宰相的重要途径之一，地位非常尊贵，在朝廷上朝排班时，仅列在宰相和三司使的后面。这一职位选拔时往往不拘泥于常规晋升程序，资序低也可被委以重任。

有意思的是，出任开封府尹之职的时间一般都不是很长。北宋存在了168年，其间有250余人次出任府尹（其中有人多次担任这一职务），平均每任仅6.8个月，特别是徽、钦时期，其更替犹如走马灯似的。为什么会出现如此耐人寻味的现象呢？第一，开封作为北宋的都城，是其政治、经济、文化中心，各种利益集团间杂域内，彼此关系错综复杂。后来的新政支持者蔡襄也曾知开封府，他出生于宋真宗大中祥符五年（1012），宋仁宗天圣八年（1030）进士及第。他知开封府时每天处理的事情多达几千件，每当有限定时间完成的任务，就挑选两三件事记下来。到了限定期限再询问其他人，其他人都说他每天的工作难以预测。可见，开封府事务之繁剧。由于达官权贵从中作梗，开封府在处理狱讼时处处受到掣肘，使得开封府官长疲于奔命，开封府尹往往"劳形费神、起早贪黑，有时仅仅能完成当天的事务"。导致臣僚奏言请求增置佐官，分管日常琐务。尽管"开封府的官员处理公事一律准同其他州府"，但"开封府官督查审理一定会以法律为准绳，常常加以刑罚，因此在府官处理完后，府中的小吏有时甚至会欺侮被审讯的人"。开封府长官在处理狱讼时，稍有不慎，便有可能遭到弹劾丢官。因此当时的人都说"孝顺御史台，忤逆开封府"。

开封府尹一般由馆阁学士或待制以上充任。其遴选一般来说

第四章 从容进谏

较为严格,既要对皇帝忠诚,又要具有较高的文化素养和出色的政务处理能力。正所谓"开封治理京华,只有忠诚能够直言、文学出众和处理政事通达的人,才能担任这一职位。如果心怀不轨或者存在失职行为,那便会让世人不齿"。开封府因其政务繁忙紧要,如果不是精明强干、事必躬亲的人,便无法胜任,所以"所选皆人望,盖四方取正之地也"。尽管在制度上,宋廷选择开封府知府时特别慎重,但实际任命之人并非"皆人望",不称职之人大有人在。如杨日严,权知开封期间,因为府吏看守犯人不严谨,于是犯人自杀,因此被连坐罢免。值得注意的是杨日严这个人官品有缺,曾伙同夏竦预谋加害欧阳修,即欧阳修与外甥女有染一案,结果是欧阳修"罢都转运按察使,降知制诰,知滁州"。还有为数不少的苛酷之人。如贾黯,权知开封期间,死去的犯人众多,府吏不承担责任,贾黯却上奏请求按照死去囚犯的人数赏赐那些吏员。更有众多的奸谀之人。如蒋之奇,他权知开封府时怂恿进行濮议(特指宋英宗朝的争议),搜集流言蜚语,攻击别人。

由于朝廷上层的相互倾轧,开封府往往成为失败者的流寓之所,范仲淹便是这样的一例。吕夷简任宰相时,被选拔任用的官员多出自他的门下。范仲淹与其政见不合,在吕夷简的一番操作下，景祐二年（1035）十二月，范仲淹以礼部员外郎的身份权知开封府。吕夷简可谓老谋深算，他想通过开封府繁忙的政务困住范仲淹，使其分身乏术，没有足够的时间参与其他的事情，一旦范仲淹出知开封府期间有所失职，便立即罢免。事实证明，吕夷简得逞了。次年五月，范仲淹便被革去官职出知饶州。虽然如此，但是对范仲淹来说，官阶上还是得到了提升，与之相伴的还有俸禄和地位的提升。他的官由礼部员外郎变为吏部员外郎，直接成了六部中最首要部门的官员，并且成为京官，相对于原来的知苏州，现在权知开封府，无论是权力还是地位都得到了一定提升。

京城虽然素来为世人口中难以治理的剧邑，并且范仲淹也确实说过担任府尹不是他的志向，但范仲淹在权知开封府的职任上依旧干得有声有色。并且在短短的6个月时间里，颇有一番治绩，让人交口称赞。他刚到开封府的时候，就下定决心裁汰冗员，最后裁减了将近三分之一的人员，这既提高了办事效率，也减少了开封府不必要的开支。他还通过组织生产、管控市场和去外地采买，有效保证了开封府的生活供应。他的这些治绩得到了当朝大臣王曾的赞美。范仲淹在开封府的任上同样铁面无私，前任开封府的长官有一个侄子在开封府任职，他希望范仲淹对他的侄子有所照顾，但是因为前任开封府长官的侄子贪玩，范仲淹当面表示

第四章　从容进谏

最先裁撤的就是他的侄子，还向前任开封府长官表示以后不会让自己无才无德的亲友在开封府任职。在担任权知开封府的第二个月，范仲淹把宋太宗在担任开封府尹时处理的公文呈献给朝廷，当时朝廷对这件事非常重视，随即便委派贾昌朝和王宗道共同将这些公文整理和编修。范仲淹在处理民事案件上，坚持对法律运用慎之又慎，《续资治通鉴长编》记载当时的纠察刑狱胥偃说，范仲淹发现判定平民阿朱的刑名有不恰当的地方，便请求由专门的司法机构详细审定。《孔氏谈苑》中则称赞他断事如神，并记载了东京城内的一首歌谣——"朝廷无忧有范君，京师无事有希文"，这两句歌谣是对范仲淹治绩的最好证明，说明正是因为范仲淹担任权知开封府，所以才会安宁无事。

但是，范仲淹终归是一个胸怀抱负的士大夫，面对不平事仍然会拍案而起，汤承业先生用最通俗但是可以说是最得体的话语对范仲淹权知开封府作出了评价——"文正誓与恶势力不共戴天，以必死之勇气与之奋斗"，事实上也确实如此。关于范仲淹在权知开封府时的战斗姿态，王得臣的《麈史》中有这样一段记载：

范仲淹当时权知开封府，他决定违背朝廷的旨意将朝廷黑暗势力的罪恶罗列下来，并且想要把奏疏呈奏给

忧乐系天下：范仲淹

朝廷，他便在庭院中踱步了好几个晚上来筹划这个事情。他将家中收藏的包含军事的书籍全部焚毁，并告诫他的儿子范纯祐说："我现在上书，斥责皇帝身边的小人，必然会得罪致死，我死后你们这一辈人不要做官从政，在我坟墓旁边教授学业就可以了。"

范仲淹嫉恶如仇，为了同黑暗势力作斗争，早已将自己的生死置之度外，做好了为他毕生的事业随时献身的思想准备，并且把下一代的事情都交代清楚，此时的范仲淹更像是一个为自己的理想和信念而奋斗的战士。《渑水燕谈录》中则记载他在开封府任职这几个月期间忠亮耿直，心中有想法一定会一吐为快，但是不注意区分场合，这导致开封府的人很是不痛快。

根据《宋史·欧阳修传》中的记载，范仲淹权知开封府时，每次进宫都会谈论时政得失。他敢于直言，神色肃穆，有端士之操，所以才敢上书直言朝政，谈论国家治乱之说。担任开封府长官的范仲淹对于京城的城防极为重视，他曾经奏请"速修东京城池"。在这封奏疏中，他提醒宋仁宗要特别注意京城的防守，认为开封处在四战之地，无险可守，一旦敌人入侵就会很危险。他还引用五代时期的历史，认为如果开封的城防不牢固，那就可能面临着城破而国亡的悲剧。另外他还提出过迁都洛阳的主张，在这场争论中，当吕夷简提出反对意见，说他只是为了提升自己的名气，而所做的事情实际上没有什么作用后，他才针锋相对地进行反击。范仲淹经常有君子小人的言论，与他政见或者言论不同的，很容易会成为他眼中的小人。所以才会引得吕夷简在宋仁宗面前争论，认为他挑拨离间，自结朋党。范仲淹是纯真君子，他有好善恶恶的秉性，眼中容不得任何沙子，所以他才会对吕夷简的一些恶行深恶痛绝。这样的性格也使得他为纤芥所不容。终于，他还是得罪了很多人。最终，在吕夷简的谋划下和吕夷简亲信韩渎等一帮人的努力下，范仲淹被人举报离间大臣，交结朋党，最后落得个外放的结果。

总之，开封因其为京城，地位极其重要，诸多事务在处理过程中权责难以分清，从而导致纠纷不断。开封又因其为剧邑，人口众多，各色人等杂于其中，诸如治安、民政问题，治理难度较之一般州府要大得多。加之官场的相互倾轧，官员或贬或迁，飘忽不定。在职事剧繁的京城，开封府官长却像走马灯一样，任期都很短，甚至只有几天。即便是"忠言谅直，有辞学政事之能者"，亦难以在过短的任期表现政绩，以致大部分官长在任内平庸无奇，不求有功，但求无过。

第五章
朋党争竞

"朋""党"二字本义上与朋党毫无关系。"朋",本来是古时候的货币单位,引申出类群以及朋比的意思;"党"原是位于乡下一级的行政区划单位,更多是具有亲族组织的意味,后被引申出党附的意思。后来"朋"和"党"逐渐合并为一个词,是指人们除血缘关系以外的私人关系网络集团,并逐渐演变成为一种带有鲜明特征的政治现象。

第五章　朋党争竞

一、意气相争

北宋时期，通过科举诞生了一批文官，他们是政治活动的主角。而这些文官由于乡谊、道德、政见以及门生或同年的关系，结交朋党，以至于介入党争。在北宋历史上，即有三次影响较大的朋党之争。

宋真宗朝发生的朋党之争，大概是北宋历史上可以考证的最早的党争。北宋自宋太祖赵匡胤立国以来，传至宋真宗赵恒已是第三位皇帝了。北宋周边除了燕云十六州未能收复外，其余地区均已纳入北宋版图。马上得天下的江山意气，到了宋真宗这里时已渐趋衰弱。他在位的 25 年光景里，经常向大臣们讲天书的故事。大中祥符元年（1008）正月初三，他就曾向群臣讲述了一个匪夷所思的故事，大致是：去年十一月的一天夜里，梦见天神来告诉他："下个月会有《大中祥符》天书三卷降下，你要在正殿建立道场祈祝。"他按天神的指示建了道场，后来皇城司的人来报告说有天书出现在承天门上面。天书上写着："赵受命，兴于宋，付于恒。居其器，守于正。世七百，九九定。"于是宋真宗就顺应天意，改元"大中祥符"，大赦天下，大肆庆祝。

这样荒诞的大骗局居然就这么神奇地上演了，各路配角也配合得天衣无缝，这让宋真宗得到了极大满足。不过，大臣王钦若为了扳倒寇准，向他奏言："寇准一直认为当年的澶渊之盟能结成是他的功劳，但我认为这就好比是《春秋》里说的城下之盟，实际是一种耻辱，并不值得夸耀。而要洗刷这个耻辱，只能派军队夺取燕云地区。"真宗面露难色，王钦若又借机说："不派军队收复此地，还有其他方法可行，就是去泰山封禅，让天下的百姓看到您能镇服四海，夸耀外邦。不过比较麻烦的是，去泰山的话，需要天降祥瑞才行。"这正合宋真宗心意，但他又担心宰相王旦不同意，君臣二人于是导演了另一出戏。宋真宗授意王钦若去说服王旦，王旦知道在封禅这件事上，宋真宗心意已决，就没有太过反对。王钦若向宋真宗奏报了王旦的态度后，宋真宗就召见王旦等宴饮，宴会结束后还特意赐给王旦一壶美酒。最终，王旦也不得不默认宋真宗和王钦若君臣二人上演封禅的滑稽戏。

于是，一番准备后，在十月初四这一天，以炮制的天书为前导的封禅队伍，浩浩荡荡朝着泰山进发。这期间，宋真宗大赦天下，文武加官，天下大宴。次月，宋真宗到曲阜拜谒孔庙，赏赐了一大笔钱。这场闹剧前后持续了50余天，此后所谓的祥瑞吉兆不断地被编造出来，宋真宗自是沉迷其中，如痴如醉。

这些行为对宋真宗在位时期的政治和财政造成了重大影响，

第五章　朋党争竞

到了晚年，他更是将朝政大权交由皇后刘氏。而这还得从宋真宗重病卧床不起说起。史料记载，天禧三年（1019）十一月，宋真宗在参加祭祀大礼时，"得风疾"，无法正常处理朝廷事务，天禧四年（1020）的春天，只能"视事于长春殿"，同年九月，病情有所好转，年底时病情反复，出现中风症状。有研究者认为，宋真宗是北宋第一位因患心脑血管疾病而去世的皇帝。

宋真宗患病后，出现了言语障碍，朝堂之上，围绕宋真宗权力移交形成两个派系：一方是以宰相寇准、李迪为首，另一方是以枢密使丁谓、曹利用为首。丁、曹等人密谋由刘皇后处理朝政，寇、李等人则担心唐朝武则天故事在本朝重演，力主朝政大权应交给皇太子赵祯。有一天，寇准瞅准机会向宋真宗奏言："太子是天下人的太子，众望所归。在您养病期间，如果能让太子监国处理朝政，再以正直有担当的大臣辅佐太子，就可以确保我大宋江山万代千秋！"寇准还进言："丁谓、钱惟演这些人都是小人，您不能重用，更不能让他们辅佐太子。"此时的宋真宗深知自己时日不多，也确实需要认真思考身后事，而寇准所言不虚，也就同意了寇准的建议，诏令太子监国，大臣辅佐。

然而，寇准生性豪爽，特别喜欢喝酒。正所谓酒壮英雄胆，也能坏事。自己的如意算盘终于打成，寇准心情大好，甚是高兴，于是就约上三五同僚畅饮。喝到兴起时，已是醉态的他将他进言宋真宗诏令太子监国的机密事，当作向同僚炫耀的资本，不料，祸端就此生出，有人将这一消息透露给了寇准的对手丁谓。丁谓得知此消息后，深感不妙，急忙找人一番商议后，由他出面向宋真宗打听太子监国之事的虚实。可是，宋真宗的精神状态已经非常差，他似乎也不记得曾经准诏由太子监国的事情。丁谓长吁一口气，感觉自己还有扳回一局的机会，就向宋真宗奏言："如果您同意现在就由太子监国，而您龙体一旦康复后，太子又该怎么办呢？"宋真宗一想这还真不好办，丁谓乘机火上浇油说道："既然您没有下过这样的旨意，那就一定是寇准及其同伙假传圣旨，迷惑众人，以达到个人不可告人的目的。这可是不可饶恕的欺君之罪啊！"已经丧失判断力的宋真宗听信了丁谓的话，罢去寇准的宰相之职，贬为道州司马。

寇准离朝后，丁谓当上了宰相，与李迪一同处理政务。不过，丁、李二人志不同道不合，争吵不休。李迪因为寇准被罢一事而鄙视丁谓的为人，认为寇准曾对丁谓有知遇之恩，他却诬陷寇准，致使寇准被罢。有一天，李迪非常愤怒地向宋真宗进言说丁谓欺上瞒下，与曹利用、钱惟演等人互相勾结，希望御史能弹劾。宋真宗驾崩后，太子虽然监国，但刘皇后成了刘太后，开始

第五章 朋党争竞

垂帘听政，于是双方的仇恨不断加深。丁谓因为拥护刘太后听政有功，而成为刘太后身边的红人，大权独揽，借机将李迪、寇准诬蔑为"朋党"。这里的"朋党"应是第一次出现在了宋代官方文件中，很多大臣也因朋党之罪而受到处分。这可视为北宋立国后的第一次朋党之争。

宋真宗驾崩后，遵遗诏立刘皇后为刘太后，由她全权处理朝政事务。她也由此成为两宋历史上第一位垂帘听政的太后，宋仁宗朝前11年各类政策的出台基本都出自刘太后之手。明道二年（1033），刘太后去世，遗诏立杨太妃为皇太后，与皇帝一同商议军国大事。这一诏令遭到了御史中丞蔡齐和谏官范仲淹的反对，他们上书请求删去让杨太妃与皇帝一同商议军国大事的内容，自此宋仁宗开始了长达30年的亲政。这几十年是北宋政治、经济、文化等达到空前繁荣的时期，也是名臣辈出的时代。夏竦、吕夷简、文彦博、欧阳修、范仲淹、韩琦、富弼、杜衍、包拯同列朝堂，王安石、司马光等也头角初露。他们划分为两派：一派以夏竦、吕夷简为核心，是为"旧党"；另一派则以范仲淹、欧阳修、富弼、韩琦等为代表，称为"新党"。

新、旧两党结下的梁子还要从郭皇后突然暴亡说起。关于她暴病的原因，开封城里流传着各种各样的传闻。朝中的很多大臣认为郭皇后的死，与受宋仁宗所托前去探望的阎文应脱不了干系。谏官高若讷、姚仲孙上奏弹劾阎文应。范仲淹对阎文应也一直不满，认为他经常假传圣旨，上下其手，他向宋仁宗上书揭发了阎文应的滔天罪状。阎文应后来被贬往岭南，还没到贬所就去世了。在阎文应被贬出京城后，宰相吕夷简因为这件事很不舒服。他就派人去劝范仲淹，说他不是台谏官，不宜向皇帝进谏。范仲淹却严肃地回答说："向皇帝进言，是做臣子的职责所在。我不能对当下发生的事情视而不见。"吕夷简的规劝之计失败了，于是他又想到了一招，就是任命范仲淹为开封府长官，一来可以借此让范仲淹陷入重重公务中而无暇向皇帝进谏，二来等着范仲淹在开封府知府的任上犯错，这样他就可以顺理成章地将他贬出京城，远离朝廷。

但吕夷简的如意算盘并未打响，范仲淹的政治才干在开封府长官任上得到充分展示。他清正严明，将素称难治的京师之地治理得井井有条；他访察民情，及时解决百姓反映的难题。范仲淹还将宋太宗任开封府长官时审理过的700多卷案牍奏报朝廷，希望宋仁宗可以从这些案牍中寻找治政之道。

除此之外，范仲淹依然不停地向皇帝上书议论朝政和人事，其中就包括对吕夷简的各种批评。范仲淹认为吕夷简出任宰执时

第五章　朋党争竞

间过久，权倾朝野，官员选用多出其门。为此，他精心绘制了一幅《百官图》上奏宋仁宗。在这幅图中，范仲淹将官员资历、政绩一一列出，并做出解释：什么样的情况是序迁，何种情形为破格；如此为公，哪般为私。他还详细描绘了吕夷简为相期间，文武官员的升迁罢黜。奏言除正常升迁的官员之外，其余非正常升迁的官员，基本是吕夷简的亲信。在奏言中，范仲淹说西汉时王莽之所以篡权，张禹要负很大责任。他痛骂吕夷简一手遮天，是西汉张禹投胎转世，专门蒙蔽圣上，要玩坏皇帝家法，希望皇帝不要重用他。宋仁宗看到这张《百官图》及奏言后，陷入了两难境地。他一方面认识到官员选拔被控制在一个宰相手里的危害性，另一方面又想到自己还需要倚重吕夷简这样的老臣替自己办事。

很快吕夷简知道了范仲淹上《百官图》的事，也得知他被范仲淹类比成西汉的张禹，非常愤怒，向宋仁宗提出辞职，不干宰相了。宋仁宗倒是宅心仁厚，连忙劝道："我不是西汉的成帝刘骜，你也不是他的老师张禹，更不会有人来篡我北宋的天下。"劝着劝着，宋仁宗反倒莫名烦躁了起来，而吕夷简则瞅准了机会向他进言："范仲淹官居卑位，却敢越职言事，又离间君臣关系，企图扰乱朝廷，应该将他贬出京。"

吕夷简为了彻底铲除新党势力，派人罗列范仲淹的同党。殿中侍御史韩渎为了迎合当时的宰相吕夷简，就向宋仁宗上书请求公布范仲淹朋党的姓名，张榜于朝廷的正殿上。韩渎的这份奏章引起了朝中一些正直官员的抗议。秘书丞俞靖上书讲道："范仲淹因为一句话触犯了吕夷简宰相，就要将他贬官外放，那么他以前言论中还有涉及皇帝母子、夫妇关系的话，又该怎么办？皇帝您既然连他以前那么激烈的言辞都能接受，为什么这次不行呢？因此，我请求您不要发布这样的命令。"太子中允尹洙表示自己与范仲淹是师友关系，而且范仲淹于他有推荐之功，因此他对宋仁宗说自己愿意跟随范仲淹一起被贬谪。时任馆阁校勘的欧阳修此时一直在观察政局的变动，他看到身为谏官的高若讷对此事一声不吭，就给高若讷写了一封责备的信件。这封信的内容后来被宋仁宗获知，他很不高兴，于是就将这些人一并贬官放逐。吕夷简本以为眼中钉、肉中刺已被拔除，可以长舒一口气了，可是第二年，他本人也被罢免了宰相的职务。

二、朋党论

在这一场争斗中，由于宋仁宗误入夏竦、吕夷简等人精心布置的迷局，导致龙颜大怒，范仲淹等一大批人受到贬黜，造成小人道长君子道消，小人得志君子遭罪，使刚正忠实之士远离了朝堂，也远离了权力中心。动辄朋党的帽子激起了一批有识之士的无限愤慨，欧阳修为范仲淹辩论的著名篇章《朋党论》即创作于这样的背景下。全文如下：

臣闻朋党之说，自古有之，惟幸人君辨其君子小人而已。

大凡君子与君子以同道为朋，小人与小人以同利为朋，此自然之理也。然臣谓小人无朋，惟君子则有之，其故何哉？小人所好者，禄利也；所贪者，财货也。当其同利之时，暂相党引以为朋者，伪也；及其见利而争先，或利尽而交疏，则反相贼害，虽其兄弟亲戚，不能相保。故臣谓小人无朋，其暂为朋者，伪也。君子则不然。所守者道义，所行者忠信，所惜者名节。以之修身，则同道而相益；以之事国，则同心而共济。终始如一，此君子之朋也。故为人君者，但当退小人之伪朋，用君子之真朋，则天下治矣。

尧之时，小人共工、驩兜等四人为一朋，君子八元、八恺十六人为一朋。舜佐尧，退四凶小人之朋，而进元、恺君子之朋，尧之天下大治。及舜自为天子，而皋、夔、

忧乐系天下：范仲淹

稷、契等二十二人并列于朝，更相称美，更相推让，凡二十二人为一朋，而舜皆用之，天下亦大治。《书》曰："纣有臣亿万，惟亿万心；周有臣三千，惟一心。"纣之时，亿万人各异心，可谓不为朋矣，然纣以亡国。周武王之臣，三千人为一大朋，而周用以兴。后汉献帝时，尽取天下名士囚禁之，目为党人。及黄巾贼起，汉室大乱，后方悔悟，尽解党人而释之，然已无救矣。唐之晚年，渐起朋党之论。及昭宗时，尽杀朝之名士，或投之黄河，曰："此辈清流，可投浊流。"而唐遂亡矣。

夫前世之主，能使人人异心不为朋，莫如纣；能禁绝善人为朋，莫如汉献帝；能诛戮清流之朋，莫如唐昭宗之世。然皆乱亡其国。更相称美推让而不自疑，莫如舜之二十二臣，舜亦不疑而皆用之。然而后世不诮舜为二十二人朋党所欺，而称舜为聪明之圣者，以能辨君子与小人也。周武之世，举其国之臣三千人共为一朋，自古为朋之多且大，莫如周，然周用此以兴者，善人虽多而不厌也。

嗟呼！兴亡治乱之迹，为人君者，可以鉴矣！

第五章 朋党争竞

朋党，以类相聚。欧阳修认为朋党一说古已有之，希望君王能辨识出这些以类相聚的人究竟是小人还是君子。

在文章中，欧阳修引用上古时期贤君任用君子之党而天下大治的事例，建议宋仁宗可以借鉴他在文章中所列治世的史迹，斥退小人伪朋党，而起用君子真朋党，这样国家就可以兴旺发达。

但欧阳修这样的进谏并未能阻止朋党之争的继续上演。嘉祐八年（1063），宋仁宗驾崩，他的养子赵宗实继位，改名为赵曙，是为宋英宗。不过，宋英宗身体状况非常不好，即位后举止乖张，时常神志不清。治平三年（1066）十一月，他已经失语，十二月时病情急剧恶化，一个月后，宋英宗驾崩，在位尚不到4年时间。后年仅19岁的赵顼登上皇位，是为宋神宗，北宋的第六位皇帝。

宋神宗即位后不久，三司使（北宋的最高财政长官）韩绛向他报告说，自宋仁宗康定、庆历以后国家财政每年的赤字高达300万贯，宋英宗即位以来，这一数字更是攀升至1570万贯，国库早已空空如也。冗官问题严重，而冗兵问题更是触目惊心，虽然兵员数量不断增加，却在宋夏战争中，屡吃败仗。这就是后世人所指出的北宋的积贫积弱。此外，由于政府不立田制，不限制土地兼并，使得富者愈富，占田无数，广大贫民却挣扎在饥饿的边缘，不断铤而走险。后文即将叙述的由范仲淹等人主导的庆历新政曾试图破解上述危机,但中途夭折。不过,此后张方平、文彦博、韩琦以及王安石等人呼吁改革的声音从未中断过。正值青年的宋神宗此时也是意气风发,决心富国强兵。

宋神宗不断召见老臣,询问改革的意见,但他们的回答都不能令其满意。前宰相富弼的言论,更使宋神宗对先帝倚重的旧臣失望不已。他决意提拔一批大臣,锐意改革。熙宁二年(1069)二月,宋神宗不顾朝廷众多保守派官员的反对,任命王安石为参知政事,王安石向他奏言:"当下最紧要的事情是变风俗,立法度。"宋神宗随即命他起草改革方案。次月,宋神宗诏令设立制置三司条例司,作为主持变法的机构,由陈升之和王安石总负责,吕惠卿实际主事,章惇为编修三司条例官,曾布为检正中书五房公事。后世史家所称的"熙宁变法"由此拉开序幕。

随着变法的不断深化,围绕新政的争论也越发激烈。新旧双方的第一场较量主要围绕均输法、青苗法以及农田水利法等三部法令展开。这三部法令的本意是解决日益严重的土地兼并问题,具有抑制兼并、劫富济贫的意味,却侵害了大地主和大商人阶层的利益,引起朝廷内外一片反对声,以司马光为代表的保守派官僚随即站出来坚决反对。参知政事唐介不停地与王安石辩论新法，而宋神宗又总是偏袒王安石，致使唐介活活被气死。吕海、范纯仁等台谏官则弹劾王安石会误天下苍生，要求将其罢免。庆历新政时的坚定支持者，此时也站在对立面。前宰执富弼装病不出，青州的知州欧阳修抵制青苗法在当地执行，三朝元老韩琦也认为青苗法祸国殃民，翰林学士范镇更是认为青苗法是唐衰乱时的行为，不足法。

尽管这些重臣不断反对，但宋神宗依然坚信王安石变法可以成功，于熙宁三年（1070）十二月，提任王安石为宰相，继续出台一系列新法，将变法推向高潮。由于新出台的法令涉及科举、教育、经济以及军事等更广阔的领域，新、旧两党围绕变法的竞争也趋于白热化。文彦博、冯京、富弼以及退居洛阳的司马光，联合曹太后、高太后等势力群起而攻之。变法派内部也出现了分歧，曾是变法的支持者曾公亮以年纪大为由要求辞职，撂挑子不干了。面对这样的局势，宋神宗感觉招架不住，有些动摇，随即下令暂停青苗法等10余项新政的实施。这让王安石非常生气，认为宋神宗不支持自己，也要求辞职不干了。宋神宗再三挽留无果后，王安石被外放出知江宁府。虽然后来王安石再度入朝为相，但变法派已不是原来那个意气风发要大干一场的变法派了。王安石原来所倚重变法"三驾马车"之一的曾布也被撤职，吕惠卿也背叛了王安石，韩绛与他的关系也不再如往日亲密。在自己的儿子王雱因病去世后，王安石万分悲痛，坚决辞去宰相一职，退居金陵。

元丰八年（1085）二月，宋神宗病危失语，次月驾崩，年仅10岁的赵煦即位，是为宋哲宗，高太后以太皇太后的身份垂帘听政。退居洛阳的司马光进京吊丧。不久，他就出任门下侍郎。司马光上任后立即上书要求废止新法。此后的数月内，保甲法、方田均税法、市易法、保马法等相继被废除。元祐元年（1086），右司谏王觌以及王岩叟等台谏官相继向变法派发动攻击，蔡确、章惇、韩缜等先后罢离权力中心，而司马光和吕公著先后位及宰执，轰轰烈烈的新法落下帷幕。也是在这一年，王安石在落寞中悲凉离世。

朋党之争虽是文人之争，却也给本已积贫积弱的北宋带来了诸多不利影响。大臣们意气用事，朋党争竞，导致中央政令不畅，社会发展在一定程度上受阻；一些重要法令或政策朝令夕改，特别是在王安石变法中和司马光执政后，重要法令已废止，导致地方官员以及老百姓无所适从，严重损害了朝廷的威信，号召力减弱。一些研究者在总结北宋灭亡的原因时，甚至将朋党相争视为直接原因。

三、出守饶州

在与吕夷简的较量中,范仲淹落败了。他的支持者余靖、尹洙以及欧阳修等相继被贬,范仲淹本人则被贬出知饶州。时为馆阁校勘的蔡襄专门作了一组《四贤一不肖》诗,其中写范仲淹的诗曰:

中朝莺鹤何仪仪,慷慨大体能者谁?
之人起家用儒业,驰骋古今无所遗。
当年得从谏官列,天庭一露胸中奇。
失身受责甘如荠,沃然华实相葳蕤。
汉文不见贾生久,诏书晓落东南涯。
归来俯首文石陛,尹以京兆天子毗。
名都翼翼郡国首,里区百万多占辞。
豪宗贵幸矜意气,半言主者承其颐。
昂昂孤立中不倚,传经决讼无牵羁。
老奸黠吏束其手,众口和附歌且怡。
日朝黄幄迩天问,帝前大画当今宜。
文陈疏举时密启,此语多秘世莫知。

忧乐系天下：范仲淹

> 传者籍籍十得一，一者已足为良医。
> 一麾出守番君国，惜此智虑无所施。
> 吾君睿明广视听，四招英俊隆邦基。
> 廷臣谏列复钳口，安得长喙号丹墀。
> 昼歌夕寝心如疲，咄哉汝忧非汝为。

蔡襄（1012—1067），字君谟，仙游（今福建省仙游县）人。天圣八年（1030）进士及第。历任判官、推官、馆阁校勘、知谏院、直史馆、知制诰、龙图阁直学士、枢密直学士、翰林学士，知福州、泉州及杭州等地。去世时年56岁，追赠吏部侍郎，累赠少师，谥号忠惠。著名文学家、茶学家。其书法自成一体，擅长楷、行及草书，与苏轼、黄庭坚、米芾合称"宋四家"。

《四贤一不肖》诗中所提到的四贤分别是指范仲淹、余靖、尹洙和欧阳修，而不肖则指的是高若讷。蔡襄称赞范仲淹刚正不阿，称赞余靖、尹洙及欧阳修不畏危难，而对不分黑白的高若讷予以讽刺，愤懑之情溢于字里行间。诗作成后，广为流传，引起时人广泛共鸣。一时间洛阳纸贵，汴京城里，人人争相传抄，书贾也因此获利丰厚，甚至连出使宋廷的辽朝使者也将这首诗买去带回幽州，粘贴在接待宋朝使者的驿馆墙壁上。

第五章 朋党争竞

然而有识之士的奔走呼吁,并未使宋仁宗收回成命,范仲淹还是要去饶州赴任了。景祐三年(1036)五月,范仲淹从开封城南门出发,准备赴任饶州。回望京城,他发现竟无人送行,感到非常失落。正准备快马加鞭,决绝离开时,突然听到身后有人连声呼叫他的名字。范仲淹循声回看,发现是待制王质老前辈,他急忙迎上。王质命弟子摆酒为他送行,亲自把盏,频频祝酒,酒罢,送至很远才依依惜别。要知道,此时京城内,谈朋党而色变,王质独自为因朋党而被贬的范仲淹送行,是冒着被指为朋党的危险的,好在自认为资历很老的王质根本不在乎这些。除王质送行外,范仲淹在接下来的数月行程中,沿途竟无一官员出迎,这番情景给他造成了巨大打击。

三个月后,范仲淹抵达饶州。饶州,古称番邑,即今江西省上饶市鄱阳县境内。因"山有林麓之利,泽有蒲鱼之饶"而得名,寓意为富饶的地方。在隋朝时,为鄱阳郡,唐代武德四年(621)设州,领鄱阳、新平、广晋、余干、乐平、长城、玉亭、弋阳、上饶等九县。宋代沿用此建制,辖鄱阳、余干、浮梁、乐平、德兴及安仁等六县,治所在鄱阳县。

到任后,范仲淹照例给宋仁宗上了《饶州谢上表》。在这份谢表中,范仲淹深刻反思了自己在京时的行为,认为自己"处事不精细，发言多轻率"，但他依然会"许国忘家"，"动静三思，始终一志"，再次向宋仁宗表达了自己的为官志向，并且还会直言敢谏，希望皇帝能以广博的胸怀接纳他。

再一次远离庙堂来到饶州的范仲淹，此时身体状况堪忧，肺疾加重。他的妻子李氏不久病逝，这使得范仲淹茶不思饭不想，万分悲痛。此时，在浙江出任建德县令的梅尧臣专门寄来《范饶州夫人挽词》二首，吊唁亡妻，范仲淹深受感动。此后二人又多有诗作往来唱和，但突然有一天，范仲淹收到梅尧臣寄给他的《灵乌赋》后，二人的关系开始发生微妙的变化，尤其在庆历新政失败后，他们之间的关系逐渐恶化。此处略过，后章再表。

自己被贬，又遇丧妻，看来范仲淹只能在饶州这清山秀水中自我调节了。范仲淹到达饶州，正值多雨时节，饶州城内洪涝严重。因为有先前在泰州和苏州治水的丰富经验，他收起所有的悲伤与不快，忘情地投入饶州水患治理的工作中去了。他废寝忘食地查阅饶州城的相关资料，带领着随从马不停蹄地四处勘察。

饶州城位于鄱阳湖的东岸，处在饶河水系流入鄱阳湖的交汇处。相传秦汉时期，吴芮曾在此居住。他是春秋时吴国国君夫差的后裔，在秦末响应农民起义，被项羽封为衡山王；刘邦建立西汉后，改封为长沙王，汉高祖五年（前202）去世，时年约40

岁。饶州城东依下东湖,南近鄱江,西临滨州湖,北靠芝山,历来是兵家必争之地。它还是饶河水系的水上交通枢纽,号称"吴楚间一大都会",八方商贾云集于此,商贸活跃。饶州城有城门6座,分别是东门永平门、南门鄱江门、西门滨州门、北门朝天门、西南门月波门以及西北门灵芝门。

也由于这样的地理位置,每当雨量增大时,饶州城内容易形成积水,特别是城南至靠近下东湖西南一带更是外洪内涝。他亲自监工,先带领随从和民众,在较短时间内,疏通排水管道,将城内积水排出。为了使饶州城的百姓以后不再受内涝侵害,他又对东湖西南一带进行规划,将这一地区东西向由南至北,划分成几块,建设了几条巷弄。这一规划,不仅有效缓解了饶州城的内涝,还极大便利了百姓出行。"九箭射东湖"的故事即源于此。所谓"九箭",就是范仲淹带领民众修建的直达东湖的9条巷弄。巷弄以数为序,从一条巷至九条巷,分别名崇儒巷、望湖巷、通德巷(又名会通巷)、迎晖巷、大通巷、全节巷、银台巷、承流巷以及艮止巷。这个故事彰显了范仲淹创建巷弄举措,使民众数利皆得,当地人很是敬重他在饶州的亲民之政。

在解决内涝的同时,范仲淹又带领民众修复被洪水冲毁的护城堤坝。但在筑堤时发生了严重的渗水现象。为了解决渗水问题，范仲淹想了很多办法，效果不理想，他又号召民众群策群力，寻求破解良方，最后找到了"河中淘金"的妙计，成功修复坝基。为了减少灾后疫病的发生，他倡议民众不要饮用河水，鼓励他们在城内多挖水井，饮用干净卫生的地下水。据说鄱阳县内的"七星井"就是那个时候挖的，今已杳无踪迹，当地百姓至今还流传着"挖井用水不忘范仲淹"。

疏浚河渠，修复堤坝，使饶州民众少受了洪涝之苦，但百姓还苦于狱讼不公，这是范仲淹面临解决的另一个问题。老百姓知道他们心目中的范大人公正廉洁，都前来向他申冤。有一天，鄱阳县的一位妇女带着两个小孩，跪在州衙前击鼓喊冤，范仲淹派公吏将她引至堂上询问冤情何在。这位妇女悲愤地说她的丈夫遭受不明冤情，死在监狱里了，请范仲淹为她做主，还她丈夫一个清白。范仲淹在简单了解案情后，即派人到监狱里调查，查实这位妇女的丈夫是被刑讯逼供而死。范仲淹随即严厉问责玩忽职守的监狱看守官员，妥善安置了这位妇女，并为她丈夫平反。与此同时，饶州各地上报多起囚犯被严刑拷打而致死的事件，这让范仲淹深感震惊。他随即严令所属县官慎重量刑，严禁滥用刑罚，杜绝囚犯在监狱中意外死亡。让囚犯及其家属有机会陈述案件实情，这使很多案件得到了较为公正的处理，有效避免了冤假错案

第五章 朋党争竞

的发生。

通过一段时间的梳理,饶州政务的处理流程也开始变得秩序井然。范仲淹得知好友胡光(字子成,宋仁宗天圣年间考中进士,官终工部侍郎)退休并居住在鄱阳县,于是写信告诉胡光准备前去看望他。约定的日子到了,他和随从来到胡光居住的鄱阳县东北的铁炉冲村。这里的百姓家家户户都栽种梨树,他们听闻范仲淹要来村里,纷纷从自家梨树上挑选最大个儿的梨,想要送给他们心目中的清官。在村民们的翘首期盼中,范仲淹一行到达了胡光家。村民们争相把准备好的梨送给范仲淹及众随从。范仲淹说:"我刚才一路上看到,你们这里种了很多梨树,树上的梨个儿很大,不如你们村以后就叫大梨胡家如何?"他的这番话让村民们很兴奋,纷纷叫好。当地人后来为了纪念范仲淹,还真将村名改为大梨胡家村。

这里的人们除了栽种梨树外,还因山多环境好,普遍种植茶树。饶州的茶叶产量在江西所属的州郡中约排在第三位,向百姓开征的茶税也是北宋时期国家财政收入的重要组成部分,而胡光代表茶农向范仲淹反映,这里的茶税太重,已经超出很多茶农能承受的范围,他们的生计也因此受到严重影响,甚至使一部分茶农背井离乡,流离失所。胡光的这一番苦水倒得范仲淹心里很不是滋味。返回衙署后，范仲淹立即着手进行访察，将访察结果写成奏章上报朝廷，得到了宋仁宗的同意。当地百姓听说范仲淹和胡光奏请减税的建议被皇帝采纳后，奔走相告，一首"一章奏免贡新茶，惠及饶民亿万家"的歌谣在他们中间流传开来。

在主政饶州的一年半时间里，范仲淹最主要的政绩是尚贤重德，兴建州学。资助贫穷的读书人，则是他一以贯之的仁爱所为。对于范仲淹的扶弱济贫，富弼曾评价说"天性喜施与，人有急必济之"，欧阳修也说他是"临财好施，意豁如也"。《冷斋夜话》就记载：饶州当地荐福寺藏有欧阳询所书碑文，其拓本价值千钱。当时有一位书生给范仲淹献诗，并说自己穷困潦倒，范仲淹就想多拓一些，拿到京城售卖，用售卖拓本换来的钱资助那些穷书生。不料，纸墨都已准备好了，碑却遭了雷击而破碎。当时人为之语曰："有客打碑来荐福，无人骑鹤上扬州。"

范仲淹真诚希望饶州的学子能够立志报国，学有所成。这一点在《送饶州董博士》一诗中体现得淋漓尽致。诗曰：

番国英豪富鲁儒，同时举送起乡间。

文章耻学扬雄赋，议论羞谈贾谊书。

喜得明珠三十六，恨遗壮士二千余。

第五章 朋党争竞

送君直上青霄去，行看归乘驷马车。

为了让这里的青少年有学可上，范仲淹带领随从在饶州城内实地勘察，提议在濒临东湖的妙果寺、浮舟寺附近修建学舍，20年必出状元。不过遗憾的是，州学尚未建成，范仲淹就被调离饶州。他的继任者张潭根据范仲淹关于州学的最初设想，将饶州州学建成了。通过延揽教授，吸引生徒，此后的10余年时间里，从这里走出了一批人才。治平二年（1065），鄱阳县滨田村人彭汝砺高中状元，他的弟弟彭汝霖也考中进士，一时传为美谈。彭汝砺后来官至枢密都承旨，是北宋中后期很有声望的文学家、政治家。

在范仲淹尚贤重德、大力兴学的影响下，饶州所辖六县也纷纷创立县学，学风日渐昌炽。宋仁宗嘉祐年间，吴孝宗写了一篇《余干县学记》说：

古代时，江南地区无法和中原地区相比。北宋立国后，福建、浙东、浙西以及长江下游地区，崇尚诗书礼仪的风俗忽然兴起，人才辈出，天下第一。江南地区居于全国之首，而饶州又在江南诸州中处于领先地位。大概是由于这里土地肥沃，植被繁茂，动物出没。当地百姓生活富足，家藏百金的人家都算不得富人。现在又值天下承平日久，饶州的百姓天性乐善。家族中的父辈兄长，一般认为自己的后代或兄弟没有文化是一种罪过；而做母亲或妻子的，也往往会认为自己的儿子或丈夫不向学是一种耻辱。这样的风俗是如此美好！

这篇《学记》被南宋时的著名学者洪迈记录下来，并评论说："我认为现在的饶州百姓，所谓'家家富足有余'，已不是往日的面貌。高屋林立，纵横阡陌，都是由近数十年以来这里的人们所创造的。而乐善好学之风，也不完全如吴孝宗所描述的那样。因此我记录下他在《学记》里的言论，来寄托我的感叹。"

繁忙的政务之余，范仲淹寄情于饶州的美丽山水，而他常去的地方是饶州城西北的芝山。芝山本名土素山，海拔约为73.4米。唐高宗显庆六年（661），刺史薛振登临山巅，发现了三株灵芝，因此将此山改叫芝山。山上旧有芝亭，也被称为"五老亭"。之所以被叫作"五老亭"，缘于在天气晴好时，在此亭往西北方向眺望可见庐山胜景五老峰。唐代初年，有僧人在芝山的南麓修建了一座禅寺叫作芝山寺，北宋时仍在。为了能有一处安静读书思考的地方，范仲淹就在禅寺后面修建一座亭子，取名"碧云轩",并创作了一首诗《芝山寺》,其曰:"楼殿冠崔嵬,灵芝安在哉?云飞过江去,花落入城来。得食鸦朝聚,闻经虎夜回。偶临西阁望,五老夕阳开。"

除了纵情山水外,范仲淹在州衙的北边还修建了"庆朔堂"。此堂"左瞰蜀锦,右连流杯,前占春香、虚静,傍对湖光,四望直见,清心退思,以正设厅,仪门之道,基平而栋隆,势巍而气壮",堂前还栽种了两株海棠树。他兴建此堂的目的,不在于"示游玩",而意在宣扬皇帝教化,颁行政令,更期待能借此反思自己,可以重新获得朝廷信任。在调任润州前,范仲淹作《怀庆朔堂》而纪之,诗曰:

庆朔堂前花自栽,便移官去未曾开。
年年忆着成离恨,只托清风管勾来。

这首诗也因为诗句有别于他的其他诗作,而显得有些"绮丽浓情",在北宋末年,被吴曾、俞文豹等人附会成范仲淹"属意小鬟妓",更是被明代朱有燉编成杂剧《甄月娥春风庆朔堂》,演绎成范仲淹的一段情史,流传甚广。当然,此事真假如今已很难考证明晰,信者恒信,不信者自是极力考辨。

第六章
花发帅才

景祐五年（1038），朝廷将范仲淹调往离京师更近的润州。在《润州谢上表》中，范仲淹用西汉名臣汲黯和唐代名相裴度的典故，向宋仁宗表明自己的心迹，一如他在《饶州谢上表》中建议的那样，希望皇帝能躬亲不倦，立君威而不为佞人所左右。同年十一月，朝廷再次向他发出调令，让他出知越州。已过知天命之年的范仲淹没能摆脱岁月的侵蚀而早生华发，然而，变的是他的容颜，不变的是他的雄心壮志及那颗护国安民之心。面对紧急的西北狼烟和声声连角，52岁的范仲淹恢复天章阁待制、知永兴

第六章　花发帅才

军,以羸弱之躯挺身而出,担起保卫西北边疆之责。本是一介书生,却毅然肩扛重担,年过半百的范仲淹再次出发。为国家和万民计,他决计身处千嶂之中,伴随着长烟落日下的孤城,羌管之声环绕耳畔,范仲淹过起了金戈铁马的别样岁月。

一、边声连角

1022年的改元,似乎并没有让病入膏肓的宋真宗病情有所好转。与之相反的是,这年的公历3月23日,55岁的宋真宗赵恒驾崩,他年仅13岁的第六子赵祯在灵前继位,是为宋仁宗。伴随着这一落一升,北宋王朝开启了一个崭新的时代。同样,开启的还有与西北党项族最激情燃烧的岁月。与之伴随的,是一代儒将范仲淹的熠熠生辉!

相比于13岁的宋仁宗,西北党项族的首领李德明完全是一个"大叔"级别的人物。从年龄上看,出生于宋太宗太平兴国六年(981)的李德明,现在已经年过不惑,他做党项一族的首领也已经是第19个春秋。从处理政务上看,13岁的宋仁宗现在主要是依靠嫡母刘太后处理军国重事,并没有亲政;李德明却已经通过"依辽和宋",把党项族的势力范围扩大到玉门关以及整个河西走廊,并且还是北宋的太傅、辽国的尚书令和大夏国王。新官上任三把火，更何况是一统万邦的皇帝陛下！新朝新气象，宋与党项一族也是万象更新！

按照习惯，新皇帝登基，首要的便是稳定朝廷内外，施恩于天下。因此，辽国的尚书令李德明又成为北宋的尚书令。明道元年（1032）五月，宋仁宗因为李德明素来对宋朝恭顺，便派遣使节册封李德明为夏王，车服旌旗的规制仅仅低天子一等，又加食邑1000户，此时的李德明距离皇帝的名号真的只有一步之遥。

看似亲密无间的中原汉族和西北党项族，真的是在蜜月中吗？李德明真的是北宋朝的顺民吗？答案是否定的。正所谓"害人之心不可有，防人之心不可无"，更何况是与自己屡次交手的假下属。在宋真宗和宋仁宗交接的这一年，北宋任命曹玮为环、庆、秦州缘边巡检安抚使，以防备党项族趁火打劫，北宋对李德明这位"顺民"还是很不放心的。李德明则更是一个闲不住的主儿，他曲线救国的方式非常成功。

当狼足够厉害时，它就不再需要用于伪装的羊皮。于是他在怀远镇大建宫室，修建都城，并将其改名为兴州。继追封他的父亲为"应运法天神智仁孝至道广德光孝皇帝"后，又册立太子。然而，太子为国家储君，岂是一个番邦就能册立的？但是李德明终究是一匹狼，他在天圣六年（1028）立其子元昊为皇太子。宫

第六章 花发帅才

室、都城、皇帝、太子，这些并不是一个藩属部族应当有的建制，但是李德明这个北宋的"顺民"这样做了，看似温顺的李德明终究还是使党项向正式建国又迈进了一步，这更坐实了范仲淹在《陕西和策》中所说的"德明时代，已闻僭拟"。但是或许上天觉得李德明的步伐太快了，三年后，刚过知天命之年的李德明与世长辞，命令由他的太子元昊继位。李德明时代正式剧终，元昊时代拉开帷幕。

对于这位年轻的首领，我们先以他的汉名称呼为李（赵）元昊。他出生于宋真宗咸平六年（1003）五月五日，20岁时带兵征服回鹘，30岁时继承父位成为党项之主。对于这位年轻首领的野心，在他与其父的对话中，显露无余。

李德明劝诫元昊说："我们常年用兵已经很疲惫了，我们这一族30年来得以穿锦绣衣服，这都是宋朝的恩惠，我们不能够辜负。"元昊却说："穿皮毛制成的衣服，从事畜牧业，对于我们这一族的本性而言是方便的。英雄出生，当从事王霸一样的事业，怎么能只穿锦绣衣服呢？"

从他的身貌和平时的言谈举止，我们也能得知一二。元昊身高五尺，圆脸高鼻梁，擅长绘画，通晓佛学，懂番汉文字，富有雄才大略。宋代名将曹玮对元昊的评价是"少杰悍"，虽然年轻，但是有才而杀伐果断。与他的父祖相比,可谓青出于蓝而胜于蓝。相比于他的父亲,他更像他的祖父继迁,是一个十足的"鹰派"人物。欲戴皇冠,必承其重。继位之初的元昊,更是大有一番"作为",来使自己能够承受住那顶沉重的皇冠,与之并立的便是不臣之心昭然若揭。

当北宋派遣使臣授予元昊特进检校太师兼侍中定难军节度使、夏银绥宥静等州观察处置押番落使的官职时,他不以臣礼侍奉宋朝,对宋仁宗封赐的诏书,远远站立却不行跪拜之礼。利用设宴招待北宋使臣的机会,在宴厅后传出打造兵器的铿锵之声,给宋使施以精神上的威慑。继而又在礼仪上故意刁难宋使,想要激怒宋朝,以此挑起事端。对内,他则恢复自己的党项名嵬曩霄,自称吾祖(一作"兀卒",即"青天子"的意思)。明道二年(1033)以避讳为名,将境内的年号自行改为"显道",改兴州为兴庆府,建立与北宋大同小异的官制。制定西夏文字,并规定此后大小事都用西夏文字书写,与辽宋往来必须书西夏文字,不能只用辽或者宋的文字。并在次年改回本族服色,下"秃发令"。易服色和建立年号在中原本是一个新的王朝万象更新的一部分,元昊作为宋廷名义上的藩王却进行了这两项活动。并且凑巧的是,在西夏的建制中竟然也有开封府,元昊是真的想和自己的宗

第六章　花发帅才

主平起平坐了！元昊带着党项族在独立的道路上越走越远，他现在缺的就是那一顶皇冠了！

外交上，元昊现在还未明目张胆地做一些敌对行动，还是有一些遮掩的。以刺探河东路情报为例，因党项族人信佛，他便以到五台山奉佛的名义进行活动。五台山位于今天的山西省忻州市，在北宋时隶属于河东路，属于宋辽和西夏的交界地带，这座名山在唐朝时就已经成为当时的佛教圣地，更是佛教四大圣地（其他三个系浙江普陀山、安徽九华山、四川峨眉山）之首，又与尼泊尔蓝毗尼园、印度鹿野苑、菩提伽耶、拘尸那迦并称为世界五大佛教圣地。本是佛门清净之地，却与刀兵形成了一定联系，不知党项人会不会对他们信奉的佛和菩萨心存愧疚。

历史总是这么让人摸不着头脑，元昊称帝宋廷竟然也助了他一臂之力。元昊的叔父山遇属于党项内部的主和派，而山遇与其弟掌握着左右厢兵，可谓位高权重，但是他与元昊背道而驰，奉行的是李德明与宋和好的方针，并多次劝元昊与宋和好，但是以失败告终。宋仁宗宝元元年（1038），在得知元昊动了杀机之时，山遇便决定投宋。然而，北宋朝廷在这次举动中并不明智——因为本身对党项情况不明，所以在奉行与之和好的政策下把山遇兄弟亲自交到了元昊手里，元昊遂派人将山遇兄弟及其势力清除。

忧乐系天下：范仲淹

就这样，元昊称帝路上最大的绊脚石被消除了。终于，野心勃勃的李（赵）元昊自立了，宝元元年（1038）登坛受册，自称"大夏皇帝"，30岁的他成为西夏开国之君。

从这时起，宋王朝剥夺了他的赵姓，我们也以他的西夏名字称呼他——嵬曩霄（虽然这个名字在其继位之前便已经采用）。正月，本是汉族阖家团圆、万象更新的一个重要时期。但是因为嵬曩霄，北宋上下无法过一个安稳年了。他以一个臣子的身份上了一封国书，通过追溯拓跋族和北魏来说明他称帝建国的合法性，并要求北宋朝廷承认既定事实，承认他的皇帝身份。

嵬曩霄虽然是以北宋臣子的身份上的这封国书，但是臣子哪有资格上国书？而其内容对于极重天下一统的北宋来说，又这么具有火药味。"普天之下莫非王土，率土之滨莫非王臣"，已经有了一个辽朝，怎么能容忍再有一个夏朝？北宋朝廷自然不能容忍这样的大逆不道，于是便削夺了嵬曩霄的官爵、取消互市、雇人擒杀嵬曩霄。对于发现并能够擒杀嵬曩霄的人赏钱30万，官员迁转两资，平民也将给予优厚的奖赏；而对于知情不报的人则加以严惩，可见嵬曩霄真的是触发了赵宋王朝的"雷霆之怒"。由此，宋夏开始了新一轮的争夺战。宋廷决定出手，但无奈的是损兵折将，丧土失地。若以范仲淹的话来说，则是"先犯延安，次

第六章　花发帅才

犯镇戎，杀伤军民，曾无虚岁"，宋廷则是"中国之兵，讨伐未利"。

我们通过钩沉史料可知，范仲淹被召回的这一年，西夏人攻打宋金明砦，俘李士彬父子。破安远、塞门、永平诸砦，围困延州，在三川口设伏，刘平战死，俘虏石元孙、傅偓、刘发、石逊等将领。又攻打镇戎军，打败宋将刘继宗、李玮，宋军可谓败报频传。另外，宋廷还严守关防，严禁僧道到河东道或者跨越潼关，以后还扩大到了一些战略用品的禁运。命令内藏库出钱、内军器库出物以充实陕西边防。并且中央体制因为边陲危急而有所变更，宋制中书主民，枢密主兵，边关奏报一般中书不得预知，这年却下诏自今以后，枢密院收到边关奏报后，需要与中书门下参议。宋代异论相搅、分权以防止大臣专权，宋仁宗敢于"破坏"祖宗之法，可见嵬曩霄的叛变对于宋廷的巨大打击。关河如此危急，正可谓险报迭传、狼烟不断。

东边日出西边雨，却没有道是无情却有情，宋夏之间彻底撕下了双方的遮羞布，大漠孤烟下的西北高原又增加了阵阵的烽火狼烟。碧云黄叶，山映斜阳，与之映衬的是一位白发统帅——范仲淹！

二、三川口

三川口，位于今天的陕北延安，秦汉时归上郡管辖，东汉末至三国西晋时期，先后被匈奴、鲜卑以及羌胡等少数民族所据，南北朝时期，历经前秦、后秦和大夏等少数民族政权统治，隋朝时隶属于雕阴郡，唐朝时属于绥州管辖，在北宋属于延州。因延川、宜川、洛川三条河在此汇合，所以这个地方叫三川口。战争史上著名的"三川口之役"即发生于此地。"三川口之役"又称"延州之战"，时为康定元年（1040）九月。

前文提到元昊公然称帝背叛，惹得赵宋君臣雷霆大怒，在其称帝将近19个月，也就是"三川口之役"结束不到3个月后，范仲淹改官于陕西任职，整治边防，处理西夏问题。在这19个月中，对于北宋打击最大的便是"三川口之役"。

这场战役，是党项三代以来扩张方针的继续，也是党项一族的生存之战。李继迁时期的对宋和平，实际上是因为其父过于刚强导致国力衰减，所以李继迁去世时就告诫李德明即便是一而再，再而三地上表，也要恢复和宋朝的友好关系。卧榻之下岂容他人鼾睡？然而西边的甘州回鹘和吐蕃首领唃厮啰兵强马壮，有南下的需求，并且他们长期臣服于宋，此时的党项犹如老猫枕下

第六章　花发帅才

的咸鱼，随时都可能被吃掉；李德明与吐蕃则是有杀父之仇，所以李德明主要向西扩张。然而，在李德明时代并没有征服这两块地方，所以元昊继位之后继续征讨。功成后，元昊的目光转向了东和南两个方向，这样的决定是出于西夏政权的地位和生存的考量。党项族聚居之地环境恶劣——"今陕北、陇东地区是干旱最为频繁的区域，其中以陕北北部，靠近毛乌素沙地的银、夏、宥以及陇东地区最为突出——从党项内迁到这一区域起，就接连不断遭受到旱灾的袭击"（杨蕤语）。因此为党项族争取优越的生存环境成为元昊的重要责任。但是东边辽的环境与党项一族相差无几，因此元昊只能把目光聚焦到南边富裕的宋。

另外，李德明时代与宋 20 余年的和平相处，休养生息，为元昊时代党项族更加强大奠定了坚实的基础，发展成为韩琦口中的实力强于李德明时代百倍。此时的西夏具备了向宋进攻的实力。元昊把攻宋的方向首选鄜延路，是基于对当时形势的正确判断而作出的决定。河东路有折继闵、任福等将领把守，这里有一处不适合渡河作战的天堑。环庆路则是有刘平、赵振等人镇守，并且堡寨林立，不利于西夏的进攻。泾源路则是城池坚固，驻军众多，并由熟悉党项的将领把守。与以上三路相比，鄜延路更适合元昊进攻。而鄜延路的状况，我们可以在范雍的奏章中得知一二,范雍说道"鄜延路悠长,西夏军队进入腹地的道路众多。建造的砦栅相隔较远。东路总共400多里,其间多有疏漏,并没有建立城池堡寨"。并且鄜延路管辖下的延州是宋抵御西夏的咽喉,一旦有失,关辅震动。同样,若西夏攻下延州,则可能进一步攻进关中。如此相比之下,三川口所在的鄜延路就成为元昊最佳的进攻方向。

关于这场战役,《宋史》中的"本纪"部分记载道:"元昊攻打延州,俘虏了鄜延、环庆两路副都总管刘平、石元孙。"然而《续资治通鉴长编》说二人军队全军覆灭,他们投敌的言论乃是宦官黄德和为自保而进行的污蔑。对于战后的影响,《宋史》"本纪"也是轻描淡写地写道:"下诏命令陕西转运使明镐招募强壮的士兵防守边疆备边。"对于这场战役的前后始末,以及这场战役对于宋夏双方的影响,我们还需要从其他史料加以管窥。

《续资治通鉴长编》中,"仁宗·康定元年"部分对这场战役的描写可谓浓墨重彩。西夏最开始打的是声势仗,他们从西平寨撤退后,就扬言要攻取延州,当时知延州的范雍曾经上奏要求增兵以加强边防,但是因为交通条件的限制,虽然奏章送到了京城,却还没来得及奏报,西夏就已经开始了对延州的进攻。

西夏军在正式进攻延州之前,为了了解延州附近军队的情

第六章　花发帅才

况,曾经攻打了保安军和承平砦,使用疑兵之计使得宋把重兵布防到其他地方,向范雍假议和以使范雍放松警惕。在一系列准备下,夏军很快由土门进攻到宋境,他们的战术更像那个时代的"闪电战",快速进入到素有延州门户之称的金明县。攻打金明,元昊采取了智取,本想诱降金明守将李士彬,因李士彬与党项有世仇,此计不成,便转而诱降他的部将。李士彬对其部下的动向并不知情,由此可见李士彬部的上下关系并不融洽,这给了西夏可乘之机。元昊又让手下通过诈降潜伏到李士彬身边,使得西夏对于金明的情况更加了解。之后在进攻金明的战斗中,宋军基本是被牵着鼻子走,西夏在时间和攻打方式上迷惑对方,李士彬便按照范雍的指示分兵防守于三十六砦,这样便使得各地兵力严重分散。而众多番兵并非真心效忠于宋,在间谍的配合下北宋丢了金明,并且李士彬父子还成了阶下囚。

西夏军顺势攻打延州。不得不说,宋军的情报工作是真的滞后。金明陷落后,西夏进攻延州时,刘平仍然在驰援土门的路上。在路过保安军时,刘平与石元孙共同驰援土门(石元孙由延州驻守保安军是因为范雍分散驻兵的命令)。在这场战役中,刘平存在轻敌冒进之举,在接到驰援延州的命令之后,为了加快行军速度,拒绝了部下勘明敌情的建议,如此宋军已经棋失一着。

围困延州的西夏军有10万之多，刘平、石元孙二人仅率领3000余兵士，无异于杯水车薪，战败亦是大概率事件。对于刘平的行动，夏军通过宋军上下传递情报的牒也是了如指掌，并且成功骗取了刘平的信任，使得刘平在损失了几个指挥（宋军的一种建制，每个指挥下辖500人）之后才得以醒悟，然而此时为时已晚。由此可见范雍行事的确不谨慎，宋军上下本有保密较高的信息传递方式（"传信牌"加"字验"），他却以牒这种保密程度较低的形式与刘平交流，再加上军中有西夏间谍，所以元昊轻而易举就掌握了刘平的情况，并成功骗过了刘平。

日夜兼程的刘平、石元孙军队在三川口与夏军遭遇，以疲惫的身躯孤军奋战（被夏军隔断与其他部的联系），而夏军则是"涉水横阵"，摆出了一副置之死地而后生的态势。宋军方面，驰援的军将共4部，刘、石部，黄德和部，万俟政部和郭遵部，总共只有1万余人。然而刘、石一部未至战场而损失部众，黄德和部仅有2000余人，且在后续作战中黄德和部并未尽全力战斗。面对元昊的10万大军，宋军最终寡不敌众，血洒三川口。部分军将还是有可圈可点的表现的。以刘平为例，虽然他轻敌冒进，但作战勇敢。他左耳和右腿中箭，但并没有因此而撤退。并且他还派儿子刘宜孙阻止宦官黄德和部的撤退。郭遵颇有楚霸王之

第六章 花发帅才

风,他臂力非凡,所用铁杵、铁枪重达 92 斤,关羽的青龙偃月刀也就 82 斤。他在战阵中数次冲杀,斩将刈旗,杀敌无数,最后无可奈何的夏军决定射人先射马,于是万箭齐发,最终坐骑中箭而郭遵遇难。

虽然刘平和郭遵与敌军杀得昏天黑地、风云变色,但是黄德和部 7 日后才到达鄜州,严重贻误战机。战后,黄德和本人在未有确凿证据的情况下,就诬告刘平、石元孙二人投敌,对于以刘平和郭遵为代表的悍将勇士,他们战死沙场却未能马革裹尸,悲夫!这场战役中,夏军围延州城达 7 个昼夜。二将战殁后,全城上下情绪低落。然而,幸运的是,延州城竟然保住了!那天晚上天降大雪,夏军补给成了难题。并且西夏后院被人"造访"——折继闵攻破浪黄、党儿两族,王仲宝又在长鸡岭大败番将罗逋。元昊担心自己退路被切断,所以不得不撤退,延州城军民才得以免遭涂炭。

我们再来看北宋朝廷对于这件事情的反应以及范仲淹在这场战役前后的变化。对于二将被俘,宋廷是在癸未日得知的(二人被俘是在戊寅日),时间相差 5 天。受限于当时的条件,后知后觉本无可厚非,但是执政大臣阻止延州百姓自行到京城上访。百官知晓这件事之后,富弼等人要求严查,于是宋廷任命文彦博等人为专官,审理此案。另一方面,为刘平、石元孙二将及其兵士沉冤昭雪,并录他们的子孙为官。

有意思的是,北宋当朝得知石元孙殉国后追封的官职是定难军节度使,这是元昊父祖在宋朝的官爵。为勇士昭雪行赏之后,宋廷还惩办不力之臣——刘能、黄德和以及王平。刘能因在战阵中临阵退缩,所以,最终朝廷让他成为一个白身,被安置在许州。黄德和则是落得个死无全尸的下场——被处以腰斩之刑,并在延州城下将其枭首。王平诬告刘平等人投降,也被杖杀,告慰了血洒三川口的热血英灵。宋廷还决定加强陕西边防,允许臣民上书言事,以重利鼓励百姓搜捕西夏间谍,并令孙廉等人反击,只是夏军已经不在宋境。

三川口的战败给北宋边境防御造成巨大压力,为解这燃眉之势,宋廷紧急起用范仲淹。在富弼给范仲淹撰写的墓志铭中有这样一句话:"有的朝中官员(吕夷简——笔者注)认为转运司的职位不能参与军事决策和行动,于是朝廷将范公改官为经略安抚副使。"以便于范仲淹能够处理西北边防事务。其实,对于国家武备和西北边防的严峻性,范仲淹早就有所警觉。

天圣三年(1025),范仲淹在《奏上时务书》中曾道:唐明皇之时太平日子太久了,军民都不知战事,所以安史之乱才会爆发,

第六章 花发帅才

这是因为他们失于守备。(范仲淹)认为要居安思危、未雨绸缪。此时距真宗之时战事已有20余年,军队中存在老少衔接不济的重要问题,并且国人不知战事,国家不知危难。所以君臣在庙堂应大论武事,举荐并重用忠义有才略和武力出众的人,并赏罚分明,使他们勤于边事,并且主张恢复唐代的武举以选贤举能。对于边患和周边民族,范仲淹则引用唐代陆贽的话,认为:他们贪婪而多有防备,狡诈而很少有廉耻之心,用兵难以使他们醒悟,安抚也难以使他们心怀感恩。虽然他们盛衰无常,但是他们却常常会成为边患。

围绕西北边防究竟是主动出击还是积极防守,范仲淹与韩琦等主战派展开了激烈辩论。三川口战败后的次年(1041)正月,朝中对西夏的政策再次进行大讨论。在这场大讨论中,面对与夏交战以来的惨痛失败,以韩琦为代表的主战派一方面认为持久的消耗战会给朝廷带来沉重的负担和无穷的忧患。西北边境30万大军驻扎2年,又有十四五万乡兵不耕而食,不曾听说过供养40多万军队而国家不困顿的。另一方面韩琦认为西夏地域狭小,精兵不过四五万,其余都是老弱妇女。他分析了与西夏作战给国家造成的严重困难,根据自己已知的西夏情况,认为朝中的主守派并没有必胜的把握,主张应该主动出击。韩琦指出前期宋军的失败主要是因为分兵过散，如果联合数路兵马再主动出击，便可战胜西夏军队。朝廷内外对这一情况并不熟悉，所以会有一部分人认为对西夏应该采取守势，但不曾听说过持守势就可战胜敌人的。伴随着宋军失败增多的是士气的日益低迷，这样长期坚守不出只会大长别人志气，让西夏生出吞并陕右的野心，这样的话损失只会更加惨重。所以韩琦等大臣主张主动出击。

然而范仲淹则认为应该以守为主。他先从以前的主动出击的案例出发，认为去年王观主动出击导致耗费无数，近来王仲宝出击又几乎失败，前车之鉴让人难以不忧虑，倘若再有差池，只会迁延岁月，徒增损耗。并且此时的党项一族经过李氏三代的经营，到了元昊之时，绝非以前宋人眼中的一个西北藩镇。退一步说，太宗朝时党项势弱，当时北宋凭借着兵强马壮多次征讨，结果只能铩羽而归，现在承平日久，没有精兵强将，如果开战则国家安危难测，所以他建议戒严边地、充实关中。如果西夏军队南下，宋军应该坚壁清野，并且因为关中得到一定程度的充实，会导致敌军处于一种进退维谷的境地，这样的局面时间稍长，西夏自然会势力衰减。

欧阳修也在奏疏中谈道："西北边疆2000多里，共分为5路24州军，各州、军下分的寨、堡、城又将近200个，这些地方都需要分兵把守,所以宋军虽然众多,但分到各地的兵员很少,而西夏是从一处来,所以宋军很难抵挡。并且宋军出击的地方多经风沙,容易迷失方向,后勤也难以为继。一旦敌军来犯,被迫出兵,战斗力低下的西北边军(有的甚至不能披甲上马)只能在虚弱之处抵抗敌人,邀功请赏。"虽然宋军在之前多次主动出击,但大多无功而返、损兵折将。且相比于宋,西夏国力卑弱,禁不起长期消耗。

既然不能通过主动出击有效打击敌人,且通过消耗可以使敌人自动败北,范仲淹就主张对西夏应当以守为主,不宜贸然主动出击。作为一个后来人,我们知道北宋对西夏的守势从一开始便很有市场,宋琪在给宋太宗的上言中,不肯放下身段过度抬高党项一族,所以他才会说:"党项是一个小的部族,不是我们的劲敌,这一部族如同鸡肋一般。如果要出兵征讨,只需一战,便可扫除。"但是,说完这句话之后,宋琪话锋一转,说:"如果宋军深入作战,那么就会出现粮饷供应困难,穷追更是敌境过于深远,不如在沿着边境的城镇屯守重兵,等到他们入界劫掠,方可随时出击,这不只能养兵,也可以使边境安定。"宋琪上奏时,党项的首领是李继迁,到了韩范争论时,党项已历三世,不再是当初的"小藩",而是北宋的心腹大患,实力上绝不能同日而语。

所以范仲淹建议对西夏应该以守为主。

到达陕西后，范仲淹看到延州诸砦多有丢失，便自请知延州，以瘦弱的身躯挑起了最危急地方的防务。庆历元年（1041）就上《守策》和《攻策》，极陈战守之法。

在《守策》中，范仲淹认为朝廷与党项交好之时，党项一族尚且屡起争端，杀戮将吏，现今党项一族已经不再需要遮掩，所以他们杀戮边民和将吏便不会再有顾虑。虽然陕西长时间驻扎兵马，粮饷却难以为继，所以不能贸然出击。边境士兵较少（此时禁军战力已经不如乡兵），导致战力不足，陕西保捷军虽然近来新有招募士兵，但是其中仍然掺杂着羸弱乃至不能上战场的兵士，因此战力不应做过高估计。西夏军队但求速战，但是边境的山川形势并不适宜，我们不主动出击，那么西夏军队在山路中便会因为停留时间过长而粮草不继，并且不能随路获得牛羊，最终他们只能是人困马乏。如此他们只能以小部队掳掠以补充给养，我们便能用精兵出击，既可设伏也可追击，使他们不能聚集在一起进行有效战斗，我方还可尾随其后为以后的长驱直入探明条件，充分利用夏军的不足，我们还可以全身而退。采取这样的守策，夏军出击便会损失严重，一定会失败，所以我们应该采取守策。在《攻策》中，范仲淹建议朝廷应该采取攻势，占据主动地位,并提出了具体的出兵方略。

三、仁帅敌畏

人们都说"不在其位不谋其政",范仲淹"先天下之忧而忧"。未赴西北边地前,他虽身在东南太平之地,但是心早已飞到了西北边疆。如果说三国东吴的周郎缺少的是东风,那么范仲淹此时最缺的是一场让他身处边疆的"西风"。终于宋仁宗康定元年(1040)三月,这场"西风"正式到来,朝廷正式恢复他天章阁待制的旧职,知永兴军。五月,朝廷升任他为龙图阁直学士,与韩琦共同担任陕西经略安抚副使。

"方元昊窥边,其主谋张元辈闻朝廷命将若韩琦等,但嬉笑而已,独闻仲淹至,则相顾有忧色。"一身正气的范仲淹从此打上了仁帅的记号,有力地抵御了西夏的进攻,对其形成了威慑。

范仲淹两度戍守边陲,一次是从越州到陕西任职。一次是在庆历新政受挫后,以其自身高度的历史使命感和社会责任感,及其所秉持的"达则兼济天下"的儒家观念,自请外出任官陕西,整饬边防。正式走马上任后的范仲淹一头扎进了祖国的边防事业。他积极深入一线考察,讨论当时情况。他上任后观察的第一站便是一片狼藉的金明。范仲淹在鄜延路给吕夷简的上书中对金明的情况进行了叙述。他认为金明招募的 300 多藩户,对于大战过后一片狼藉的金明而言捉襟见肘,上次战役导致延安北边 400 多里的战守设备损失殆尽。因此他主张在近来创建的金明聊支一路不能只是多驻扎军队,必须建立军一级的地方建制。延安的兵马虽然也能称得上是千军万马(26000 余),但是训练不精,将帅缺乏指挥军队作战的谋略,当他询问将帅们应该如何抵御敌军,将帅们只是说进兵而已,并没有具体的用兵策略可言。

范仲淹属于"运筹帷幄、决胜千里"和"身先士卒、克敌制胜"的结合体。他的方略大小并存,并且因时制宜。从大方面着眼者如前文提到的《奏上时务书》。论洛阳和汴梁战守之形,主张太平居汴而有事居洛。对夏态度上,不赞同当时宰相张士逊的大肆挞伐的论调,认为应当以守为主。陕西任上以汉唐作比,认为中原没有宿将精兵,不赞同深入敌境,主动进攻。对当时文武大政,乃至"祖宗家法"也敢大胆质疑,在《上吕相公书》中认为边帅不应该全用文臣,而应该是文武参用。

当时北宋西北边疆面临的最严重问题是人才缺乏,范仲淹敏锐地观察到了这一问题。他在《奏乞督责管军臣僚举智勇之人》中提到,当时只是损失了高继能,边疆便已经人人震恐。然而补救的方法是在拆东墙补西墙,把鄜延的朱彼调到了镇戎,鄜延便

第六章 花发帅才

没有了真正可用的将领，这会让其他政权认为中原无大将，有损于国家尊严。这种情况的根由在于当朝选拔人才的时候不够精细，任用文武官员不能够至当，反而各个军队中的智勇双全的人都在遭受打压。因此他提出由各级军队推选人才供边军任用，日后任用他们时要做到功过分明，明赏和连坐都要施加在他们身上，以严明军纪和激励后进之人。

所以范仲淹重用种世衡，举荐段少连，推荐欧阳修和张方平担任经略安抚司的掌书记。大胆起用狄青，并鼓励他看《春秋》和《汉书》，鼓励狄青不要空有匹夫之勇，而应该成为明古今的优秀将领。事实证明，之后的狄青不负范仲淹所望，成为良将之才，成功平定侬智高的叛乱，并以武将身份担任枢密使。在恢复设置陕西四路都部署、经略安抚兼沿边招讨使这件事上，范仲淹推荐与韩琦共同在泾州开府，文彦博改为管理秦州军事，滕宗谅改为管理庆州军事。在具体的用兵方略上，范仲淹亦多有上书言事。他主张犒赏诸羌，使之与夏离散。提出修建大顺城的主张并被采纳。

针对西北边防，仁宗采取反攻建议，再次设置陕西路安抚、经略、招讨使，以加强针对西夏的统帅力量。而在范仲淹心目中，契丹的威胁远大于西夏，且西夏以弹丸之地对抗"物产丰盈"的天朝大国，自是不能持久。另外，作为当时士大夫的代表，古来的"慎战"思想深入范仲淹心中，他同样认为"兵者，凶器也"，认为慎战不等于不战。传统的士大夫极重民本，但是战火一燃，战守双方都会损失惨重，这岂不南辕北辙，违背了这些士大夫出仕的初衷？而且一将功成万骨枯，如果功败垂成，孤儿寡母岂止千万家。范仲淹说："大军一动，千万条性命也在随之而动。把这些都置之度外，我不认为这样是可以的。"他对于战场上的行动，主张决策者应当谨慎，尽量减少自身的伤亡，所以不到万不得已，不能轻启战端。

从性格上看，根据《神道碑》的记载，范仲淹"为将务持重，不急近功小利"，因此范仲淹是一个比较谨慎持重的人。在上奏的《陕西八事》中，范仲淹直言缘边城砦不坚固，士兵战斗力弱，主张减去一部分士兵以增强战斗力。建议应在各路选拔三五员将领，一二十员使臣，两万步兵，三万骑兵，以备攻战。这也说明在这之前当时的陕西五路并没有做好充分的战前准备。

即便在仁宗皇帝已经决定主动出击时，范仲淹仍然坚持守势。虽然他的主基调是守，但是不能排除其尚有主动出击的计划。根据北宋僧人慧洪的《冷斋夜话》记载，范仲淹平时喜欢谈论军事，经常吟诵韦应物《郡斋雨中与诸文士燕集》中的"兵卫

第六章　花发帅才

森画戟，燕寝凝清香"两句。且上文提到的《攻策》便是他为朝廷提出的具体的进攻缘由和策略。

在这篇上书中，范仲淹认为宋境内的西夏属地分割而列，横亘百里，有警则不便调兵。为调兵之便，故当出击；西夏反复，宋军稍有撤离便固态重生，故若想彻底征服，当需出击。在这其中，范仲淹也提到了具体的出兵办法，诸如涉及兵种、员数、入边界后的军队纪律、具体的战场作战方法、作战之后的善后措施及功赏方法等。

"入险汉钭危，奇兵翻背水。"范仲淹并非文弱书生，而是一个马背上的英雄，他曾经亲自带兵，深入险境，进行军事活动，以拯救袍泽和百姓于危难。在夏军侵入边地时，他与都监张肇一起领兵从邠州出发营救长武寨。在葛怀敏战败之后，西夏军队乘势劫掠潘原，整个关中地区都为之震动，百姓多离开故地逃到深山之中。范仲淹便亲自率领六千兵众，从邠州和泾州援救潘原。定川的战报刚传到朝中时，宋仁宗说："如果范仲淹领兵去援救，那我就没什么顾虑了。"潘原事后，当宋仁宗得知是范仲淹率兵援救潘原之后，高兴地说："我本来就知道范仲淹可用啊！"

戍边 4 年有余，范仲淹"岂敢懈夙夜，未敢摅笑言"。从防戍的角度来看，他大阅州兵，共得兵士 18000 人，把他们分为 6

部,每部3000人,分部加以训练,使之能够抵御西夏军队。当时塞门砦和承平砦等砦栅已经作废,抵御西夏的力量明显不足,于是范仲淹采纳名将种世衡的建议修建清涧城。

"大炮一响,黄金万两",无论何时何地,战争都是一部巨大的吃人机器。对西夏用兵,耗费繁巨,据《文献通考》记载:"宝元元年末用兵时,陕西的钱帛粮草共有一千九百七十八万,出一千一百五十一万用兵后,收入三千六百一十三万,然后有三千六百三十三万多。"面对战争这个吃人的机器,范仲淹请求在陕西兴办营田,以补充军用。于是庆历元年(1041)十月,朝廷"下诏陕西转运司用空闲的土地置营田务",并以种世衡管勾东路营田。之后范仲淹又请求建立康定军。在戍边期间,范仲淹看到百姓运输物资很是辛苦,便请求在鄜城建军,就近输送河中府、华州和同州中下户的赋税到鄜城,这样春夏兵士就食可省却平时市籴的十分之三。朝廷采纳了他的建议,并下诏以鄜城建立永康军。

如果说建立永康军是范仲淹爱民思想的体现,那么大顺城的建立则充分显现出范仲淹的战略思想和军事才能。大顺城原址是庆州西北的马铺砦,处于西夏境中,在此建城对西夏有很好的牵制作用。鉴于此地的战略地位,范仲淹先密使其子纯祐与番将赵

第六章 花发帅才

明先占据这块地盘,然后亲率军队前往,行军前军士们并不知道此行的目的,到了柔远后才告知以实情,避免了泄密的可能。此后仅用了 10 余日就建成了大顺城。夏军来夺,范仲淹也没有与之正面争斗,避免了身中埋伏之险。大顺城的建成,有效地牵制了西夏军队,使得侵扰环庆路的西夏军逐渐变少。根据《宋史》本传记载,范仲淹所建堡砦有 12 座之多。后来在水洛城存废这件事上,也是据理力争,认为不当毁城。

第二次戍守西北之时,麟州遭到大举侵扰,范仲淹力排众议,反对弃城,复修故砦,招抚流亡,一定程度上加强了麟州地区的防御力量。在对外关系上,范仲淹联络诸羌以为宋用。对于范仲淹的这些功业,汤承业言"慎谋致胜",具体而言则是"广布恩信,选将练兵,建砦屯田,困扰西贼"。

然而,好水川成了范仲淹戍边任内的"滑铁卢"。好水川,今名甜水河,位于今天宁夏回族自治区的隆德县。继三川口大败之后,宋军再次折戟,时为庆历二年(1042)二月。这场战斗中的另一名主角是韩琦,他是范仲淹一生的挚友。韩琦出生于宋真宗大中祥符元年(1008),比范仲淹小 19 岁。天圣五年(1027)时,韩琦年未弱冠便进士及第。戍边之时与范仲淹并称"韩范"。后来与范仲淹共同领导了庆历新政。仁宗末年拜相,在英宗继位、曹太后撤帘还政、神宗继位之中发挥了定鼎之功,晚年反对王安石变法。

熙宁八年(1075),韩琦去世,享年68岁。神宗亲自撰写碑文"两朝顾命定策元勋",配享英宗庙庭。南宋宝庆二年(1226),宋理宗图画二十四功臣神像于昭勋阁,韩琦便是其中之一。清朝康熙六十一年(1722),康熙皇帝令韩琦与历代功臣40人从祀历代帝王庙。在针对西夏的攻守之策上,二人意见相左,最后仁宗倒向了韩琦,决定对西夏主动出击,然而西夏先声夺人,率先攻打渭州。这场战斗惨烈之状不亚于三川口。双方激战于好水川,主将任福以及以下将佐50余人战死,宋军折损10300余人、粮草器械不计其数,乃至于关右震动。

这场战斗,范仲淹以身预其中。当韩琦派遣尹洙劝说范仲淹共同攻击敌军时,他却坚持己见,结果只有韩琦一路人马迎接敌军。而这致使夏军诈和于范而专攻韩琦。对于韩琦、范仲淹二人用兵方略,田况评价说:"如果使泾源一路独自深入,那么就是孤军进退,其忧患不浅。"虽说历史不容假设,但是如果范仲淹听从五路会击的建议,或者有所策应,或许就不会有如此惨败。对于范仲淹在好水川之战中的用兵失败,尹洙归结为四个字——区区过慎!好水川之败,呜呼哀哉!于范仲淹而言,何尝不是内

第六章　花发帅才

心中的痛处。

范仲淹两次戍边，恩威并施。于威，在延州大阅州兵，得兵18000人；定川之事闻于上，仁宗则说如果范仲淹出援，那我就没什么好忧虑了，这是仁宗皇帝对他兵事的肯定；于他族，则是"小范（仲淹）老子胸中有数万兵马，比不得大范（雍）老子那么好欺负"；是对于佛空平这个地方，令蒋偕将居住于此地的明珠等族的帐篷尽数烧毁。于恩，则是"羌人多亲爱，敬称为'龙图老子'"（北宋王辟之的《渑水燕谈录》中记载元昊也称呼范仲淹为"龙图老子"）；范仲淹去世后，数百羌人如丧考妣，痛哭流涕；是元昊两次致书，一次焚毁，一次删改其中的不逊言辞，才上呈阙上，以防止多动刀兵，百姓受累；是张存因兵略与诸将不同，声称为照顾老母而请求调离，而公则自请接替。于仁，则是以守为主，不主张大肆进攻，以至于损兵折将；对于兵士，则是那一曲流芳千古的《渔家傲》；对于藩户，则是和平争取，并且帮助他们耕种和解决缺粮的问题；对于军队，改黥面为刺手，提高武人尊严；对外，则是主张对契丹严加防备，使之不敢入寇，欲不战而屈辽之兵。

面对着旌旗蔽野、胡笳满山，范仲淹心中充斥着的更是一颗仁义之心。对于曾经的敌人，范仲淹为天下万民计，表现出了应有的豁达。当他初到永兴军任职之时，是以天章阁待制的旧职身份去知永兴军，但吕夷简对宋仁宗说："范仲淹是天下的贤才，朝廷既然决定任用，怎么能只授予他旧职呢？"由此范仲淹担任龙图阁直学士、陕西经略安抚使。范仲淹听说这件事后，当面向吕夷简表示感谢，说道："以前我因为国家的公事冒犯了您，没想到您会向皇帝建议提拔我。"吕夷简说："我怎么敢一直对旧事念念不忘！"这件事被记载在司马光的《涑水记闻》中，以司马光谨慎的治史风格，这件事当是信史。在苏辙的《龙川别志》中记载，范仲淹还亲自写信给吕夷简。在信中以郭子仪和李光弼作比，认为吕夷简有郭子仪之心，而自己缺乏李光弼那样的才能，但是一定会尽心尽力去做好自己分内外的事情，于是二人相逢一笑泯恩仇。因此，为了国家和天下万民计，范仲淹释怀，与当时的国之宰辅勠力同心，共同为了国家和天下万民奋斗，这何尝不是一种仁者作为！

对于普通兵士，范仲淹爱兵如子。《神道碑》中说他对待将卒，一定使他们畏惧国家法律而爱护自己，他得到了赏赐会以皇帝的名义分赐给众人，由此使他们感念君恩。对于没有危及大事的人和事不予追究。四年守边，范仲淹对朝廷极为尊重，对于朝廷所下文书，以一个黄金盒进行收纳，并且周围镶嵌七宝，但是

第六章 花发帅才

这个黄金盒被一个老兵盗去，他并没有对这件事进行追究。后世的袁桷（曾师从王应麟）对这件事非常赞赏，在范仲淹的画像旁边题诗云："甲兵十万在胸中，赫赫英名振犬戎。宽恕可成天下事，从他老卒盗金桶。"

春秋时的楚庄王不追究冒犯王妃的唐狡，所以唐狡才会在攻打郑国的时候英勇奋战，一直打到郑国国都。范仲淹不追究这个老卒，也让世人尤其是手下将校吏卒看到他们的主帅爱他们胜过爱身外之物，也使得他们与范仲淹一同勠力向前，保卫家国！

对于以前的政敌尚且如此，对于普通民众，范仲淹更是爱护有加。当时宋夏边境流传有这样一则民谣："军中有一韩，西贼闻之心骨寒；军中有一范，西贼闻之惊破胆！"乍一看，这是对范仲淹军功的赞颂。然而，北宋军队折戟于好水川，西夏军也并未与范仲淹的军队发生大规模遭遇战，因此很难说西夏对二人心惊胆战。且从"军中"二字推断，这段民谣当是宋境边民所作。陈荣照先生在其作品《范仲淹研究》中推断说："这也许是仲淹守边期间，有些德政深得民心，因此民间谣谚把他的军功也夸大地美化。"按陈先生说法，这则民谣虽有夸大之嫌，但是也反映了范仲淹爱民如子。

在任期间，他体恤边民困苦，河东均州近年来徭役科配频繁，民为之困，遂请求放免河东军州今年秋税。又担忧陕西人民的劳苦，遂移文陕西转运司，仿照河东军州的方法，减放当地人户支移。当同耀、华州、陕府等地大旱无雨之时，他迅速请求朝廷令邻地照应本地一起救助灾民。镇守邠州时，与众僚属在城楼上饮酒，突然见到了一支丧葬队伍，询问得知是居住在邠州的读书人去世，死者非常穷困，乃至棺椁都不能置备，他便撤销了宴席，厚赠这一行人以使他们处理丧事，宴席中的坐客对这件事也极为感动，乃至有落泪之人。

范仲淹爱民之心全部显现，他爱民心切，自然为边民爱戴。

范仲淹还有一种仁，体现在对后辈的谆谆教诲上，劝导他们要走适合自己的道路。横渠先生张载出生于关中，少喜谈兵，有志于投笔从戎，希望为国家收复失地。庆历元年（1041），青年张载豪情勃发，奋笔疾书，写下了著名的《边议九条》，呈递给时任陕西经略安抚副使、主持西北防务的范仲淹，在其中提出不少中肯的建议。他甚至打算联合通晓军事的朋友，组织民间力量去夺回被西夏侵占的洮西失地，为国家建功立业。

不久之后，张载见到了范仲淹，范仲淹却语重心长地教导张载："儒者自有名教可乐，何事于兵？"他认为张载在经学上和道统上的造诣远超过他在军事上的造诣，所以他劝导张载应该多在儒学和道统上下功夫。此后的张载也是这样做的，捧着范仲淹赠送的《中庸》，重新开启了他的求学之路。事实证明正是范仲淹的这种仁者之心造就了一代大儒，张载创建了"关学"，成为"北宋五子"（其他四人分别是周敦颐、邵雍、程颢、程颐）之一，成为宋明理学中的重要人物，而他的"为天地立心，为生民立命，为往圣继绝学，为万世开太平"的豪言壮语更是成为后世读书人的座右铭！

范仲淹非长于用兵之人，但凭借着高度的使命感和担当精神，两次请戍西北。范仲淹用兵，守多于攻，身涉大政方略，亦曾身陷战阵，调兵遣将。既有招抚诸羌，共对夏军，也有方略失误而兵败好水川。于其功，《宋史·范仲淹传》评价道："号令明白，爱抚士卒，诸羌来者，推心接之不以，故贼亦不敢辄犯其境。"对于这些功绩获得的原因，我们不妨用四个字来概括——仁者无敌！然而，若要给范仲淹戍边做一整体的评价，我们不妨借用叶梦得《石林燕语》中的一句话："范文正欲力持守策，以岁月经营困之，无速成功，故无大胜，亦无大败。"

第七章
庆历风云

庆历是宋仁宗的第六个年号，历时8年。在这8年中，有两件事为后人津津乐道。一是宋夏和议，范仲淹等将士苦守的边疆终于换来了两国和平。其结果是宋夏边陲归于平静，百姓复归安宁，这也为后来庆历新政的开展提供了一个相对和平的外部环境。再者就是庆历新政，在这场改革中，范仲淹以"良医"的角色对北宋这个"中年人"加以医治。这场变革虽然只有一年有余，却对后世产生了深远的影响。在这两件大事中，范仲淹以不同的身份发挥了不可替代的作用，推动着北宋这艘巨轮向前航

第七章 庆历风云

行!

一、宋夏和议

庆历三年（1043）的西夏分外热闹——北宋使者来了! 起初是元昊派遣使者上国书，称"男邦尼定国兀卒上书父北宋皇帝"。这封国书看似温顺，表示臣服，但是并没有尊奉北宋的正朔，元昊心中还是"欲与天公试比高"，他在这封国书中，自称"西朝"，而把宋朝称为"东朝"，元昊还保留着自己最后的倔强。于是，宋夏之间的斗争由刀光剑影转化为唇枪舌剑。

此时的范仲淹已经远离大漠，身处繁华的东京城中。对于这封国书，他和同生共死的战友韩琦一样态度坚决，认为"不取消僭号，就不能允许讲和；即便是西夏卑辞厚礼，改称兀卒，边北也不能松弛，要防止他们卷土重来"。但是此时的宋朝已经"人到中年"，早已没有了当初"年少"时的那份锐气和进取之心，于是宋廷派遣邵良佐、张士元、张子奭和王正伦入夏境，商讨谈判事宜。天下太平，终归还是救万民于水火的仁义之举! 范仲淹心中装的还是受苦受难的普通大众，并且这时的丰州和塞门砦已经被西夏占领。他认为这样的局势一直发展下去，只能是百姓困顿，国家危如累卵。终于，边境百姓再次告别了刀光剑影，回到了歌舞升平的生活。庆历四年（1044）十月，一封国书到阙。其核心内容大致如下："西夏向宋称臣，宋册夏主为夏国主，宋每年岁赐绢15万匹、银7万两、茶3万斤。"是为庆历和议。

西夏国主元昊在这一年所上国书中称"两失和好，遂历七年"，七年之说是从元昊宝元元年（1038）算起。然而，黄巢也是中原子民，若从拓跋思恭助平黄巢之乱那年（881）算起，与中原农耕民族的往来已经历经了164个寒暑。党项与宋真正频繁来往是从李继迁开始的三代四主，宋也是历经三代四主方平西北之患。与宋辽澶渊之盟相比，这次主动软下来的不是所谓的"中原正统"，而是西夏先派遣使者呈递国书。对于宋辽澶渊之盟，是两国综合国力对比之下，都没有绝对的力量征服彼此——宋无法收复燕云十六州，辽也只是以有限的收获铩羽而归。而从宋夏和议看，最先服输的虽是西夏，但北宋何尝不是损失惨重？接下来，笔者欲从两国角度对两国和议的始末进行分析。

从元昊称帝到庆历和议，历时7年，宋夏之间，大的战争有4次，每次均以宋军大败而归，损失惨重。三川口，刘平、石元孙被俘。丰州，城池陷落，知州王余庆战死。好水川，损失劲卒10300余，任福等50余员将佐战殁。西夏进攻镇戎军，中官葛怀敏率兵与西夏军队喋血于定川砦，葛怀敏和知镇戎军等16名将

第七章 庆历风云

领被杀,渭州被大肆劫掠。叶梦得说这几次战争失利,军队损失都不止10多万。此话虽然有夸大战损之嫌,但是也正像吕夷简所说"一战不及一战"。从以上言论,我们也可知宋夏交战中的损失给北宋军民留下的深刻印象,宋军在这7年中的损失也让兵民情绪悲观。若从李继迁算起,党项一族攻城略地,攻陷西凉府等大片地盘。宋真宗时又割让银、夏等五州给夏。宋损失的不只是土地,损失的还有人口和财政收入,是逐步丧失宋对夏的战略优势,可见宋与夏对决的结果之惨痛!

后世文人张养浩在其作品中谈到"兴,百姓苦;亡,百姓苦"。对于宋夏边境的百姓,虽非乱世,但也是"辛苦遭逢起一经,干戈寥落四周星"。大败之后,对于众多将士而言,最痛苦的莫过于妻儿离散,父子兄弟阴阳两隔。好水川败后,韩琦离任,拦马号哭的亡卒亲属就近千人,由此可以想象之前那些战败的亡卒家庭的悲惨状况。韩琦怆然泪下,驻马掩泣。然而,大战过后,依然需要继续补充兵员。根据记载,鄜延路屯兵68000人,环庆路5万人,泾源路7万人,秦凤路2.7万人。此时的宋夏边境,驻兵20余万人。这就意味着诸多的田地不能及时治理,养兵之费日重而馈饷面临着不足的危机。以好水川之战为例,诸用度都从关中括取,导致百姓困顿,以至于民不聊生。在元昊称帝之时，宋廷下诏暂停互市，对其实行经济封锁。"兄弟之国"辽国却趁火打劫，索要关南旧地。虽有名臣富弼斡旋，关南之地未损，却也付出了岁币增加银 10 万两、绢 10 万匹的代价。宋夏交恶，伤到的是边境百姓，伤到的是宋朝国力。终于，这场争斗平息了。或许宋仁宗的"仁"的谥号也正包括了宋夏和议、除却劳民伤财、使民得以休息吧！

西夏累了，更重要的是"伤不起"了！入宋以来以至庆历和议，党项一族历经三代四主，韬光养晦，大相挞伐。然而，终归人困马乏，该歇一歇了。这场争斗，西夏输掉的是人口，是经济，更是外交上的得不偿失。

对于两个政权综合实力的对比，于占据中原的宋朝，我们不妨借用后世乾隆皇帝的一句话："天朝物产丰盈，无所不有，原不籍外人货物以通有无。"而西夏所产仅羊马毡毯，其他必备品均不能自产自足，而三面皆是其他少数民族政权，只能与宋交换，经济的依赖性使他们耗不起，也就决定了他们不得不向中原王朝臣服。以青白盐为例，宋敢有禁边之举，是因为还有井盐、池盐和海盐为百姓使用。而西夏不及宋，以庆历和议来看，岁赐有银、绢、茶三种，皆数额庞大。元昊提出这三种物品，说明这三样东西是党项一族的必需之物，他们却不能自给，周边政权也

第七章 庆历风云

无法做到自给自足,更不待说外销,所以这也成为他底气不足的重要原因。

从人口来看,且不说下层百姓,仅看从李继迁到元昊,总共三位首领,却有两位得不到善终——一代英主李继迁战死沙场,元昊则是在庆历八年(1048)死于一场家庭悲剧(因为争权夺利而被他的次子谋杀),时年46岁,对于西夏,损失不可谓不大。四次进攻北宋,却如蚍蜉撼树,尚未使宋廷伤筋动骨,却使得自己消耗严重,乃至元气大伤。元昊本想与宋、辽平起平坐,却得不偿失,赔了梦想折了国家,终归还是北宋的一个藩属。元昊父祖,朝宋暮辽,两边讨好。宋自不待言,对辽,夏也是疲于应付。

与其父祖时代相比,元昊对辽并不温顺,李继迁向宋称臣,迎娶辽国义成公主,受官为定难军节度使,爵至夏国王,此举避虚就实,为党项一族的扩张创造了较为有利的外部环境。李德明时代,辽虽然攻打党项,但未能得逞,而是虚与委蛇,派遣使者册封李德明为尚书令、大夏国王,党项一族在辽国的地位相较李继迁时代得到攀升。然而,到了元昊时代,他称帝惹恼的不只是赵宋一家,另一个宗主国也是雷霆大怒。称帝后,元昊貌似膨胀了,接收辽800户的一个部落,在辽国要求归还的情况下拒不执行,且自称西朝,谓辽国为北边。于是辽国兴起三路大军征伐这个西北小弟,夏在付出一定代价之后取得胜利。然而,如此重大的战役发生时间也是庆历四年(1044),若没有这场和议,夏军两线作战,其局势的危急程度自不待言!西边战线,又被吐蕃击败,当时的西夏形势不容乐观,如此与宋收场,未尝不是一个良好的开端。

终于,西北边地的世界平静了下来!然而,历时7年的宋夏角逐,最终却是渔翁得利——北方的辽国成为最大的受益者。但是对于国家本身和普通百姓来说,和平则是一种最好的结局。马放南山,甲器入库。由平静而来,双方又复归于平静。来自西北的声声边角和烽火狼烟未能再破坏东京的繁华与安宁。边境已安,宋朝的下一步前行有了一个比较安定的外部环境。此时,边疆虽已定,但是整个北宋已经处在一场狂风暴雨的前夜,一场新的暴风雨马上到来,范仲淹即将以新的身份为他守护和奋斗的国家万民再度出发。

二、庆历官制

"武能马上定乾坤,文能提笔安天下。"范仲淹、韩琦是天水一朝这一类型名臣的杰出代表。他们宣抚西北,换来天下万民一

第七章　庆历风云

份安定；他们入朝，掀起的是一番轰轰烈烈、名垂青史的改革运动——庆历新政！

此时的北宋，宛如一个中年人，虽然都在歌颂太平盛世，但是人到中年难免有隐疾出现。庆历三年（1043），西北边境喋血正酣，北宋却后院起火——这一年爆发了以王伦为首和以张海、郭邈山为首的民变。这两场起义平息之后，又有桂阳监、池州、解州、建昌军乃至咫尺之遥的南京（今河南省商丘市）发生暴动，使北宋政府疲于应付。类似的民变和兵变有扩散之势，以至于当时的人们惊呼"一年多于一年，一伙多于一伙"。

此时的北宋，亟须医治。若论当时北宋的"良医"，范仲淹堪为首席。纵观当时宰执队伍，首相章得象、枢密使杜衍以及当时的另一名宰相晏殊虽然堪称老成持重，但显得过于稳健。反观范仲淹，在仁宗废后事件中敢言直谏，不惜得罪吕夷简等宰执。在戍边西北之时功勋卓著，他表现出的高度的社会责任感和历史使命感使之成为天下年轻人的风向标。终于，这年九月，仁宗点名范仲淹、韩琦、富弼上言时务，由此《答手诏条陈十事疏》横空出世，范仲淹以参知政事的身份主持了这场"手术"。以参知政事的身份主持新政，这是第一例。20多年之后的王安石也以同样的官职掀起了一场更为惊心动魄的大改革。

《答手诏条陈十事疏》既是大政方针，也是具体指南，还为改革加上了浓重的理论色彩。该疏贯穿着"穷则变，变则通，通则久"的改革精神，其中关涉十事，官制改革为其重中之重。纵览奏疏内容，十项内容中，一是明黜陟，二是抑侥幸，三是精贡举，四是择长官，五是均公田，八是减徭役，九是重命令，十是覃恩信，都关涉官制问题。其第一项，主要是改变过去无论贤或不肖皆以固定年限磨勘或改勘，而今后则须在规定年限内以其功绩为标准。如此，使膏粱子弟得以外任而知艰难，地方才俊得以进用而更新高层。第二项主要是严控门荫与授官，使内外诸臣尽忠职守不动无名，也使膏粱子弟免于充斥，寒门得进，生民少弊。第三项主要是严格地方举荐，进士当先策论后诗赋，根据应试者与应试次数严格录取程序，以使国家抡才无空，泽惠万民。第四项主张各机构推荐长官，中央考校得当，便加以委任，以使地方得人，百姓安宁。第五项和第八项虽然是经济内容却也涉及整顿官吏。其中第五项主张改变职田不均的现象，使得百官日用丰足，安于职守，清廉自持，静以牧民。第八项关涉地方省并，减少公职人员，以苏民困。第九项和第十项，提出依法惩治不遵行诏命或执行不力之人，审定法令，使之堪为长久。

十项内容，以官制改革为中心，次第展开。这一年的九月，

第七章　庆历风云

下令不许宰执大臣在节假日接受官员拜见。十月，两府共同选拔转运使，优赏能扩隐民、增赋税的地方官，让二府颁布新制定的《磨勘式》。十一月，由二府保举馆职中的缺员，并修改荫补法，限制职田。来年二月，修改陕西武职以应对时势，令州县设立学校并修改选举法。七月，访求转运使、提刑司举荐治理有效的地方守令。八月，以宰执分领天下庶务，其中以范仲淹领刑法之事。十二月，加恩于百官。一切的一切，都按照《答手诏条陈十事疏》有条不紊地展开。欧阳修、余靖等台谏官，石介等讲读官均能言敢谏，范仲淹、富弼和韩琦也主动上书言及时务，给时人的感觉是时势要变了。

然而，这场新政貌似先天发育不足，就如同仁宗的几个皇嗣一样，不久便夭折——范、韩、富乃至杜衍先后被外放，新政举措如同烟花一般，很快从空气中消散。使新政夭折的因素众多，诸如反对派的阻挠、新政措施自身缺陷、新政团体的措置失当以及最为致命的党争等。

改革是一场重新分配蛋糕的大场面，损害的是既得利益者的所有，这次新政的推行困难重重。明黜置、抑侥幸限制的是膏粱子弟的上升之路，上自朝廷勋贵，下至芝麻小官和新进读书人都不乏反对之声。然而，这场争斗早在10余年前就已经开始，只是到了新政之时喷薄而出。对于反对派的行为，富弼的形容可谓入木三分："小人不能取胜，则交结势力煽动作乱，可谓无所不用其极，至胜方休。"范仲淹先是与吕夷简有矛盾，其次是与夏竦。夏竦堪称一代能臣，治边得力，精通诗词歌赋，且涉猎金石学。然气量狭小，当以范仲淹为代表的台谏官弹劾他以至于使他失去枢密使而改判亳州之时，新政的一颗敌对种子便在此萌芽。在新政期间，先后爆发王益柔案、滕宗谅案、苏舜钦案、石介案等众多大案。

如石介案。石介是一代大儒，与孙复以及胡瑗合称为"宋初三先生"。天圣五年（1027）在应天府（今河南省商丘市）求学，此时范仲淹也在此为官，由是多受范仲淹教诲，故受其影响至深。在仁宗废除郭皇后事件中，石介与范仲淹处于同一战线。因此在庆历新政时期，他也身在范仲淹集团之中，但是他的作用并不及范仲淹等人，仅是在教育和文化上起到一些作用，但是终因为他的性格，遭到了保守派的无情攻击。

关于石介的性格，《宋史·儒林二》言到其人"极嗜学习，并且志向高洁，喜欢善良之辈而嫉恶如仇，极好声名，遇事敢作敢当"。恰逢此时新政之人纷纷入朝施展身手，夏竦等保守派也正巧失势，于是石介便大笔一挥而成《庆历圣德颂》，以歌颂宋

第七章 庆历风云

仁宗和新政诸臣。然而他嫉恶如仇的性格在这篇文学作品中也一览无余，他公然直呼"大奸之去"。此诗广为流传之时，孙复则对他说道："你的祸患一定是从这里开始的！"石介笔下的"大奸"，时人认为是夏竦，夏竦是一个有才而德行有缺的人。关于夏竦对石介的仇恨，《珍席放谈》有一段记载："夏竦闷闷不乐，非常痛恨石介，每年设法会作法事，经常在旁边多设置一个排位，上书'夙世冤家石介'。"此法近乎巫蛊，在古代社会影响极坏，由此可知夏竦对于石介的极端仇恨。据《续资治通鉴长编》记载，更有甚者还有如下情形："石介劝富弼仿效伊尹、周公辅佐圣君，夏竦怨恨石介排斥自己，又想以此为中介算计富弼，便使女奴私下模仿石介笔迹，改伊、周为伊、霍（行废立之举），而伪作石介为富弼撰写废立诏书，这些流言最终飘到了皇帝耳中。皇帝虽然不相信这些流言蜚语，但是范仲淹和富弼开始心神不宁，不敢再身居朝廷，于是请求外出巡视西北，但是宋仁宗没有允许。正值有边疆的奏报，范仲淹坚持请求外出巡视，于是宋仁宗便派遣他宣抚陕西、河东。"

此番操作，夏竦实现了他的既定目标。政敌范仲淹和富弼都离朝外任。既是政敌也是私敌的石介不仅落得个离朝外任的结果，更是还来不及到任便离世。但去世后的石介也没能得到安宁。当时"徐州狂人孔直温谋划叛乱",官府搜到了孔、石二人的往来书信,夏竦等人妄称石介未死,并牵连到富弼,说富弼指使石介前往契丹,决定与契丹里应外合以谋叛。最终在杜衍等人的保举下,石介才没被开棺验尸。而石介家人直到治平二年(1065)才敢给他树碑立传。

这两个集团争斗的原因是多方面的。从新政措施本身看,这场大变革是要削减既得利益者的利益,使广大年轻血液流入国家统治机器,以增强国家力量,更好地发挥镇与抚的作用,使得国富民强。这必然要遭到"侥幸之人"的反对,这一"侥幸之人"的团体包括被裁撤的地方官、失去了"世袭领地"的大宦官以及被限制了封妻荫子的大官僚大贵族。这三类人中,地方官是官僚队伍中的制度执行者,大宦官是离皇帝最近的人,大官僚大贵族是真正掌权者。如此削减他们的既得利益,必然使得这场新政有着极大的阻力。此外新政的措施本身也存在不足之处:一是企图恢复兵农合一的府兵制;二是科举考试取消糊名;三是官员磨勘和转勘时保举比官员业绩更重要;四是相机恢复《周礼》六官制,以宰辅分领庶务,平常事务由大臣决断,大事二府共议以请圣裁。

史实证明,兵农合一早在唐代就已经行不通。这种逆潮流之

第七章 庆历风云

举,在这次变革以及之后的王安石变法中都没有成功。取消糊名,使科举负责官员发挥空间更大,势必会遭到寒门子弟的反抗,由此便使新政领导者的后辈力量转投保守派,变相削弱了自身力量。第三项举措更容易使官员们结党营私,大虫蠹国。第四项举措妄图分皇权,从根本上就没有实施下去的可能。即使是宰辅之中,如章得象等也认为不可这样。果然,这项改革很快被废黜。

对于这场改革,《宋史·范仲淹传》则评价道:"颁布措施没有节制,规模过于宏大,评论者认为不可能推行下去。"其执行者也有"毕其功于一役"之嫌,以明黜置为例,不合格者全行罢免,不曾考虑他们在宋代中下层官僚中所占地位和废黜之后以何种力量替代;也不曾为这些被罢黜者之家的生计考虑,所以又有考虑欠周全之疑。并且这项措施还成为私人的报复工具,所以按察使出访,遇到的是相互举报告发,搞得人人自危。

新政集团内部的领导者和参与者也是意见相左。就宋仁宗来说,他希望在几个月之内就达到太平的效果,不可不谓操之过急。就范仲淹个人来说,他敢言、敢行,却"变"得不够。他确实有变,如为缓和同保守派的紧张关系,主动探访吕夷简询问注意事项。当他看到《庆历圣德颂》后,认为破坏新政的必然是石介这样的人，但是他骨子里仍然是宁折不弯，属于一个"拗参政"。

在滕子京挪用公使钱案中，面对保守派手中的"证据"，范仲淹在没有任何证据的前提下执意为滕子京担保，又引起处在最高位的仁宗的怀疑。范仲淹本身也行为失当，根据《碧云骎》记载，他收拢群小，鼓声造势，又引用名士作为党援，由此引起皇帝的猜忌和保守派的忌恨。集团内的其他成员，如蔡襄作《四贤一不肖》，公然攻击高若讷，为新政树敌。欧阳修则是乐于"创作"，并且为自己的创作而骄傲。他作《朋党论》，鼓吹"君子之党"，抨击"小人之党"，即便"君子之党"既成，危害的也是皇权，必然遭到君上抵制。英宗之时的"濮议"更是如此，只不过那时迎合的是皇帝，遭到的是以司马光为代表的士大夫的抵制。

反观神宗之时的王安石，何尝不是一个善于"创作"之人，他直言"天变不足畏，人言不足惧，祖宗之法不足恤"。这位宋神宗时的"拗相公"为了推行他的治国之道，打破了自董仲舒开始的"天人感应"对皇帝和皇权的约束，倡言皇帝本人就是祖宗。在他的"创作"下，宋代既有的制度框架被打破，皇权从制度的笼子里被放了出来，连同宰相也缺失了应有的有效制约力量，最后使北宋这座大厦倾倒在他赏拔的蔡京等人手中。

第七章 庆历风云

从新政的追随者来看，他们不拘士节，是属于"被解放"的一个群体。经历唐末农民大起义之后，越过五季乱世，到了天水一朝，伴随着传统的士族凋零殆尽，寒门子弟参加科举的人数日渐增多。他们未曾受高门礼法的过度束缚，放荡不羁，乃至放浪形骸。从宋朝本身看，有宋一代实行"右文"政策，取士名额大幅度增加，并以特奏名给予优惠，使得官僚队伍中社会的中下层分子众多。随着宋代商品经济的发展，社会物质生活水平提高了，士人群体的精神世界日益丰富。他们疑经惑古，敢于议论传统的是非。因此才会有苏舜钦"开席会宾客"，王益柔"醉卧北极遣帝扶，周公孔子驱为奴"之举。他们"被解放"了，但是忘记自己身处封建帝制这个更大的笼子里。

反对朋党但是他们自己又结为一党。对于范仲淹的领袖身份的确定及其政治声望日隆，与抗夏功绩不无关联。范仲淹三次被贬，送行者说这三次被贬一次比一次光荣，作为送行者之一的王子野也乐于和他为一党。范仲淹和韩琦是公认的新政领袖，蔡襄对二人的评价则是"才谋人望，范仲淹高于韩琦"。韩琦本人对范仲淹的评价则是"若成就大事，则当属希文"。富弼则说："范六丈是圣人啊！"他们乐见结成君子之党，《朋党论》自不待言，《四贤一不肖》则将范仲淹、余靖、尹洙、欧阳修并列。这些可谓逆鳞而行，使得君上忌讳，反对派有机可乘。

当时同情乃至倾向于新政的一些人，也随着时局的变化而逐渐转向新政的对立面。以范仲淹和梅尧臣交恶为例，他们二人由之前的忘年交逐渐变得形同陌路。二人原本也是志同道合的"同志"，他们二人在明道年间（1032—1033）交好，同欧阳修、尹洙等人发起了声势浩大的诗文革新运动。仁宗废除郭皇后，范仲淹因为劝谏而被外放，梅尧臣对范仲淹等人的行为表示同情，并认为"会有东方白"，认为范仲淹会再次得到重用。在范仲淹上《百官图》而导致被贬饶州后，梅尧臣作《啄木》，将范仲淹比作专除害虫的啄木鸟；作《灵乌赋》劝诫范仲淹宜有所收敛，采取灵活的策略进行斗争。然而，二人最后还是一拍两散。

关于二人的决裂时间，刘子健先生认为是在1043年，孙云清先生则认为是在1045年。梅尧臣《灵乌赋》和范仲淹用于作答的《灵乌赋》中，已经透露出二人嫌隙渐生。在《灵乌赋》中，梅尧臣将范仲淹比作乌鸟，认为范仲淹等人的劝谏为"事将兆而献忠"，认为他们的行为是献忠之举，把众人对范仲淹的诋毁比作"人反谓尔多凶"。对新政集团成员的遭遇，梅尧臣以龟马作比，认为龟和小马驹就是因为它们在外的名声所以才会遭这样的厄运，言外之意是他们木秀于林而风必摧之。并且对他们提

第七章 庆历风云

出忠告，希望他们管好自己的言行，做自己的事情就可以了，不要过多谈论其他的事情。然而，对于梅尧臣的忠告，范仲淹认为他们二人已经走上了不同的路，并且回复以"高翔而远翥"。对于他自己的遭遇，范仲淹则认为"了解我的人知道是一件吉祥的事，不了解我的就会认为这是一件凶险的事。所以告诉了那些不了解我的人反而是引火上身"。

范仲淹认为贤才即使刻意隐藏自己的才能，也会招致他人的诽谤和伤害，所以他要"宁鸣而死，不默而生"。二人由此分道扬镳，渐行渐远，以至于梅尧臣在《喻乌》中攻击范仲淹"儿子颇像父亲，贪婪躁进如同豺狼一般"。正所谓有其父必有其子，养的儿子既然是贪暴豺狼，那父亲只可能是变本加厉了。这段言论几乎已经上升到了人身攻击的地步。之后梅尧臣在《灵乌后赋》中将他自己比作鸿鹄，将范仲淹引荐的人比作燕雀，对范仲淹的用人政策提出了尖锐的批评。

对于二人何以分道扬镳，历来也是众说纷纭。一种说法是因为范仲淹没有举荐梅尧臣，所以引来梅尧臣的记恨。但是，不仅范仲淹没重用梅尧臣，与梅尧臣交好的尹洙和富弼在后来也没有举荐梅尧臣。可见，范仲淹未能重用梅尧臣还是出于梅尧臣个人的缺陷，范、梅二人的交恶可能是因为梅尧臣的因素。梅尧臣性格上的一些缺陷，我们可以从他的一些诗文中有所管窥。景祐四年（1037），范仲淹看望梅尧臣，梅尧臣作《范饶州坐中客语食河豚鱼》一诗，其中有"持问南方人，党护复袒夸"之句。按照常理，别人看望，最起码是好言以对，更何况是自己赞颂之人，而梅尧臣以朋党之词以向，很难让人不说梅尧臣不通事理、尖酸刻薄。对于因用人而使梅尧臣记恨范仲淹，南宋叶梦得在《石林燕语》中曾经言道："当范仲淹主持新政的时候，梅尧臣长期处于困局之中，认为范仲淹一定会帮助自己，但是范仲淹并没有引荐自己的意思，引荐的是孙明复、李泰伯。梅尧臣对这件事不高兴，所以才会写了《灵乌后赋》。"梅尧臣自认为是一匹千里马，范仲淹却不愿意做赏识他的伯乐，所以梅尧臣才会如此记恨范仲淹。

另一种说法是因为范仲淹的"抑侥幸"和"明黜陟"阻碍了梅尧臣的升迁之路。梅尧臣本身是荫补出身，他受父荫而为太庙斋郎，后来应举而不中，理所当然地成为当时的"侥幸"之一。并且梅尧臣的叔父梅询是保守派的中坚人物，还是梅尧臣在仕途上的伯乐，而保守派正是范仲淹新政集团的打击对象。城门失火尚且殃及池鱼，更何况是父子叔侄，所以于公于私，范仲淹都成了梅尧臣所憎恶的对象。另外范仲淹用人坚持物以类聚，人以群分，范仲淹在给梅尧臣回复的《灵乌赋》中认为他和梅尧臣的想

第七章　庆历风云

法已经有很大不同，因此在此时的范仲淹心中，梅尧臣已经和他不属于同一类人，故而范仲淹最终在庆历新政时没有重用梅尧臣，而梅尧臣也对范仲淹颇有微词。

对于二人正式交恶的根本原因，吕变庭先生认为是北宋用人机制过度重视进士出身，使得人才队伍分裂严重造成的时代恶果，而梅尧臣和范仲淹正是这一机制的受害者。通过二人关系的发展变化，我们也可以看出，范仲淹也同当时的士大夫一样，存在一些性格缺陷，看人时一叶障目而不见泰山，把一些比较中立乃至倾向于新政的人推到自己的对立面，从而增加了推行新政的阻力。

然而，改革派就此销声匿迹了吗？北宋真的又恢复到庆历以前了吗？作为一个后来者，后来的历史发展告诉我们，并没有。新政之后最大的成果是这一集团的日渐成熟和新政以另一种方式继续前进。

凭借自身能力和随着岁月而增长的政治能力，这个集团的核心成员在仁宗至和年间重返朝堂之上。以比较保守的陈执中为例，庆历年间的那群热血青年后来体现出了不一样的风度。富弼与他讲和，体现的是富弼经历几十年官场磨炼，逐渐成长为一个成熟的政治家。新政过程中受迫害最多的当数欧阳修，但是陈执中的致仕诏书正是欧阳修草制，其中表现的也是一种大度的和解态度，并且推荐吕公著（吕夷简第三个儿子）与王安石同为谏官。欧阳修与王拱辰为连襟，并且是同年考中的进士，虽然在新政时势同水火，但最后也明确表示捐弃前嫌，互相都有贺赠。韩琦与保守派关系最为和善，也是因为韩琦的帮助，吕公著和吕公弼（吕夷简第二个儿子）才得以在神宗和哲宗时代发光发热。这一集团的成功回归，使得仁宗、英宗到神宗时代能够稳定过渡，为下一场大变革打下坚实的政策、人事与风气等方面的基础。

一些新政措施以更加稳健的方式继续向前发展：欧阳修接过韩愈的大旗，继续进行"古文复兴运动"，文体变革由此继续前行，科举取士也得以退浮华选贤才。至和元年（1054），欧阳修担任知贡举，曾巩、苏轼等崭露头角，若非欧阳修避嫌，苏轼就是当年的状元了！在他们这一辈人的努力下，士人文章不再华而不实，完美地刹住了文坛上的"险怪文风"。政治制度上，富弼致仕时请求继续进行致仕官待遇的改革。韩琦继续推行《七事疏》，相继编订《嘉祐录令》《宰执条令》等法令，使内外官员"依法行政"。社会医疗上，蔡襄继续医护人员的改革，在福州等地颁布《太平圣惠局方》。然而，我们需要注意的是，他们并不是简单地要求恢复庆历时的所有措施，作为政治家的他们没有盲从。欧阳修和富弼讨论并由富弼主持关于茶盐弛禁的改革，诸人继续讨论方田均税法。这些讨论给之后的王安石变法打下了重要的基础。

虽然如此，这场大的变革事实上还是留下了严重的后遗症。仁宗朝开始的朋党问题不仅没有伴随新政的结束而终止，反而愈演愈烈，直至哲宗末期和徽宗时期朋党乱政，最后丧权失国。言官等权力过大，乃至皇帝和宰相都延揽亲信为之。以神宗时代王安石在位时的一次任命为例，当时身为宁州通判的逐利者邓绾向神宗上书，把王安石比作伊尹和吕尚，说新法很得民心，百姓们都欢欣鼓舞，歌颂皇帝的高尚品行。王安石得知后立马向神宗汇报，神宗也让邓绾火速入京。狂妄的邓绾不喜欢朝廷给他安排的宁州知州，扬言当得馆职，众人问他："难道不应该是谏官吗？"他则说："正应当时谏官。"在王安石的操作下邓绾如愿以偿，身任馆职，担任检正中书孔目房公事。事后，面对别人的批评，他则大言不惭地说："随便别人笑话和骂我，好官是我自己在担任。""自从争论青苗法之后，台谏官中虽然不是都依附于王安石，但大都成为王安石一党了。"结果人们不畏祖宗，却畏惧王安石和宋神宗这对师生君臣。

这样的事件并不是孤例。邓绾这样的人担任馆阁中的职务，导致台谏官原本微弱的制衡君相的权力更为微弱,君相更加肆无忌惮,乃至于后世中华帝国中的不合理因素,终究导致近代的"数千年未有之大变局",使得这个古老的国度步履蹒跚地进入近代社会。

然而庆历新政已经结束将近千年,功过是非自有后人评说,古今多少事,终归都付于笑谈之中。

三、盟友富弼

石介在《庆历圣德颂》中写道:"惟仲淹、弼,一夔一契。"二人相交,早于庆历之时,而终于范仲淹之薨。

富弼,原名皋,字彦国。根据《宋史·富弼传》记载,富弼的出生可谓神奇,他的母亲韩氏怀孕时,梦到旌旗、仙鹤和大雁降落于她家庭户之中,告知上天有赦令,其母梦醒之后富弼便出生了。富弼去世时,根据《邵氏闻见录》记载,突然有"陨星降落在富弼居住的还政堂下,空中宛如千军万马奔腾而过"。出生时的异象似乎是表示此子非凡,去世之前的征兆却又像是普天同悲。富弼年仅数岁时,不怕惊雷,表现出异于同龄人的过人胆量。少年时,他在寺院中苦学,冬天以冰雪、夏天以凉水覆面而使自身清醒。这样的祥瑞、胆识和刻苦精神,按古人逻辑,必是

第七章 庆历风云

一个不世出的大人物。

富弼在而立之年，结识了比自己年长15岁的范仲淹。范仲淹称赞他是"王佐之才"。后来，范仲淹把富弼的文章推荐给王曾、晏殊等政坛要人。天圣八年（1030），是富弼的天选之年。这一年，富弼金榜题名，后在范仲淹的建议下，参加这一年的制科考试，以茂才异等中第，正式踏入仕途。又在范仲淹的撮合下，富弼成了名臣晏殊的女婿。这一年，对富弼来说，正可谓福有双至，双喜临门。

苏东坡的作品中有这样一句话评价仁宗一代贤臣领袖："范仲淹、韩琦、富弼和欧阳修，这四个人，是当时的人杰。"早在仁宗之时，富弼之名已经闻于乡野。在盛名之下，与之相配的是"真宰相"之能。

从天圣八年（1030）到元丰六年（1083），富弼在政坛上活跃了43个春秋。他与范仲淹相交，寒暑往来20载。范仲淹未登宰辅之时，二人便处于同一战线，为彼此共同的理想奋斗。宋仁宗废黜发妻郭皇后，范仲淹同孔道辅等一众台谏官赴阙直谏，表现出了一种至死方休的态势，但引来的是被贬出任外职。当时的富弼并非台谏官，却犯颜上书，直斥仁宗此举"是一举两失"，并为范仲淹鸣不平，直言"即便不能再次册立郭氏为后，也当召回范仲淹"。然而，同众多君子一样，他们也和而不同。庆历三年（1043），东方发生变乱，当时的知高邮军晁仲约自认为不能抵御，于是用酒食迎劳当时的乱军。任职于枢密院的富弼，认为应当将晁仲约明正典刑，以正军法。范仲淹则认为晁仲约情有可原，应当法外开恩。类似的争议并没有成为二人修齐治平远大抱负的芥蒂。

处理边事上，二公一西一北，共护苍生周全。作为范仲淹的挚友与盟友，当范仲淹威震西陲之时，富弼在朝中多有襄助。当西北烽火狼烟弥漫在东京城上空时，瓦肆勾栏里的人们嗅不到危机四伏，而富弼连上八疏，极陈治边之策。三川口一战，请求法办罪魁祸首，并且以黄德和之故极陈不可以宦官监军，否则重蹈唐之覆辙。因为西陲边事紧急，请求由二府共议军国大事。请求改革制举，以选拔真正的军事才俊。这些忠义良言都被采纳。同时，富弼眼界开阔，不局限于某一事。当西夏与北宋激战正酣之时，他请求在东南地区增加驻军，以防财赋之地有变而后院失火。

不幸的是"屋漏偏逢连夜雨"，当北宋与西夏纠缠于西北而无法脱身时，北方的"弟弟"辽却趁火打劫，在宋、辽边境布下重兵，派遣使臣索要"关南旧地"。此时的北宋宛如回到了景德

第七章 庆历风云

元年（1004）的秋天，国难思良相之时，富弼站了出来，好友欧阳修也以颜真卿出使李希烈领地的事例劝富弼慎行。然而，富弼还是选择出发。他在临行之时对仁宗说："主忧臣辱，我不敢爱惜自己的生命。"如此重担还是落在了忠君体国的富弼肩上！

他出使北方，与辽国君臣当堂辩论，免却了失地和亲之辱，以增加岁币的方式解决这一次危机，使宋辽双方免于刀兵之苦，也使得北宋可以专心于西北战事，免去了后顾之忧。君子"泰山崩于前而色不变，麋鹿行于左而目不瞬"。富弼第一次受命使北时幼女夭折，他来不及悲伤；第二次出使时，喜得麟儿，他亦无暇欢喜。功成归来，面对高升厚赏，富弼宠辱不惊，直言因宋无力两线作战才会有这次出使，并且以增加岁币的手段才解决这次危机，并不是什么光彩的事情，因此自己无功可受。

宝元、庆历年间，范仲淹、富弼和欧阳修三人被当时的人视为翘楚。庆历三年（1043），宋仁宗开天章阁，征求时务。范、富二公身预当时名望，希望这场改革使天下太平富强。范仲淹上《答手诏条陈十事疏》，富弼也上当时急务十余条和安边十三策，意在进贤退不肖，抑制侥幸之徒，去除沉疴宿疾，以此逐渐替代各路监司中无才无德的主官，再以新秀淘汰其所管辖部门的不称职者，用活水使得方塘如鉴。细观二人奏疏，都是以改革官制为要旨。仕途上,仁宗亲擢范仲淹、富弼和欧阳修等人,范仲淹为参知政事,富弼和韩琦共为枢密副使,欧阳修为台谏官。他们一起参与了这场名垂青史的重大改革。除了协助范仲淹进行外臣的改革,富弼还关注到了皇帝的后院——奏请宫中内侍坚持三年一换。改革期间虽有流言蜚语,但仁宗对于富弼仍然信任有加。对外,庆历和议时,认为宋廷应该早于契丹派遣使节,不应将册封西夏之恩拱手让与辽国。对于中央决策体制,从富弼开始,中书舍人也拥有了封还词头的权力。富弼参与的取士改革,在其登第之时就已经开始——一改制举专试诗赋,而以策论为国抡才。虽然年仅一岁有余的庆历新政很快夭折,但它在中国历史上留下了浓墨重彩的一笔,富弼在这一年有余的时间里,正如他的名一样,协助范仲淹推动着北宋这艘巨轮向前迸发。

庆历之后的富弼,变化的是他的处世方式、为官能力,不变的是他的君子本色、爱民之心和与范仲淹的君子之"盟"。初遭贬黜,出知青州,富弼惠政爱民,当地百姓乐于输送米帛,使整个青州渡过难关。出知河北,时逢饥荒,不顾众人劝阻和个人安危,为老百姓准备救荒物资,因此百姓极为爱戴他们的这位父母官。他奖拔后进,求贤若渴,以国士之礼对待苏轼,奖拔王安石,革新推恩之法,使之上升为一项制度。虽然爱才,但他也为

第七章 庆历风云

自己的过失悔恨，对于王安石入参机要后的所作所为深自忏悔。对于国家大计，敢于打破常规，护国周全。仁宗病重，富弼与文彦博同居禁中共同护国安稳，与王尧臣等人密谋立英宗为嗣（当时英宗名位未定）。嘉祐年间（1056—1063），富弼为相，深孚众望，天下人都敬称他为"真宰相"。仁宗驾崩，英宗按例赏赐群臣，虽然数目不多，但富弼坚辞不受。英宗亲政之时，反对韩琦用强硬手段使曹太后撤帘还政。神宗继位，富弼作为老臣，告诫血气方刚的年轻皇帝应当以护国安民为本，20年之内不要因妄动之举而劳师动众。

《宋史·富弼传》对他担任宰相时的为人和政绩的评价可谓公允："守典故，行故事，因傅以公议，无容心于其间。"观富弼一生为人，未尝因与晏殊关系妨碍公务。庆历新政时，范仲淹举贤不避亲，没有因为富弼的老泰山晏殊身居宰相而回避，仍然举荐他担任枢密副使，共同推进新政的展开。出使北境，因国书与皇帝口授不同，富弼认为是宰相吕夷简之过。晏殊因为吕夷简辩护，富弼就称自己的老泰山与吕夷简为同党。此话虽然荒谬，却也体现了富弼的因公废私，敢于直言。

在曹太后撤帘还政英宗事件中，富弼与韩琦属于同一战线，主张曹太后尽快还政于英宗，但是富弼主张以一个比较平缓的方式还政。当得知韩琦以一种近乎粗暴的方式让曹太后撤帘（撤帘之时仍然能看到曹太后身影），富弼表现出了对这位挚友加盟友的不满，导致二人之间的裂缝到晚年都没能完全弥合（致仕之后韩琦屡有书信问候富弼，而他几乎没有回信），可见富弼对于原则和立场的坚持。

自古忠孝难两全，富弼对长辈却是极尽孝道。母亲去世，他坚持服丧期满，才正式复官。其间虽然被5次起复，但是仍然坚持服孝。富弼性格平易近人，又治家严谨，对子女更是严格要求。富弼死后家中情况如同富弼犹生，家中规矩未尝妄动。其子出仕担任官职，却因父亲曾经反对新法而在徽宗时拒绝就任财政之官。仁宗时，虽然与韩琦为善，却也未敢因私废公，乃至于韩琦自说"最怕他富相公也"，可见其对于朝廷大事的严于律己、一丝不苟。与范仲淹相交，至死不渝。范仲淹在世，富弼口称"圣人"。范仲淹去世，作为政坛上的盟友和一生的挚友，富弼亲为其题写墓志铭，客观而又极尽哀荣地叙述了范仲淹的先世和生平。对这位挚友和盟友，富弼不吝赞词，称："独公挺生，为天下贤……人获一善，已谓其难。公实百之，如无有然。"

"宠辱不惊，看庭前花开花落；去留无意，望天上云卷云舒。"神宗时，年过古稀的富弼终究致仕。身处江湖之远的富弼

第七章 庆历风云

恬淡自如，虽然换了一种生活方式，但也过出了别样人生，让后人意识到夕阳下的人生同样精彩绝伦。他晚年寓居洛阳，宠辱偕忘，把酒言欢，身处洛阳耆英之会，被传为一段佳话。但富弼同范仲淹一样，终究还是一个士大夫。他虽然致仕，却未敢忘忧国，但凡朝廷有大事咨询，他就知无不言，言无不尽。虽然居闲，但也不忘品评人杰后进，尤重询问当世人物贤能与否。虽老，但也做到了偷得半日闲，能够徜徉于书海，也能够拜访名山僧道，因此更精通佛老之说，以至于居住于苏州时，富弼的佛学造诣已经声震东南。

正如《兰亭集序》中所说："虽趣舍万殊，静躁不同，当其欣于所遇，暂得于己，快然自足，不知老之将至。"属于富弼的时代终究要落下帷幕，悠然自在的富弼终归还是驾鹤西去。元丰六年（1083）的五月，大星坠地，当时空中犹如万马奔腾，富弼也要像他的盟友范仲淹那样离开了。临别之时，心忧社稷，处于弥留之际的富弼留下遗表，希望神宗皇帝亲贤臣，远小人，休兵息民，重新考量新法。闰六月，年方八十的富弼终究没能抵御住岁月的侵蚀，与世长辞。他正式告别了这个时代，属于富弼的时代终究也定格成了一段历史。

对于这样一位功高德昭的三朝元老，北宋朝廷没有忘记。虽然神宗时期，富弼反对神宗和王安石这对搭档进行的改革，但神宗在元丰改制之后，仍然坚持以富弼为新的宰相，更不待身后评说。富弼辞世，神宗仍然给以极高的身后殊荣，神宗本人痛哭流涕，出降祭文以示吊唁，并辍朝三日，追赠太尉，赠谥文忠，以极高的荣誉为这位三朝元老送别。

世人更没有吝啬于他们的赞词。《宋史》本传评价说："富弼是一个仁人，富弼衰老而北宋国运渐衰。"对于富弼一生的功绩，苏东坡在富弼墓志铭中直言："上天降生的大限不会有多少，既然降生就会让他辅佐的国家泽被万民。"对于使北，苏轼在富弼的神道碑中拿之与寇准比肩，称"与莱相望"。后世学人邵伯温称"其名号和位分不在冀（王钦若）之下，但是功德方面却远胜他"。

范仲淹和富弼，生前都官至宰辅。范仲淹历仕两朝，至仁宗之时，俨然天下士大夫之领袖，真正是天下无人不识君。富弼是三朝元老，生前位极人臣，君上信任，死后配享神宗庙堂。大臣辅佐君王，生前享有荣光，薨逝后配享在庙庭，成为一代人的榜样，富弼正是这样的真实写照。以范仲淹和富弼为代表的这批士大夫成为宋代文人的典型代表，成为后世文人的楷模。

然而，世间一切，终归尘土。他们终归成为历史，成为后人心目中的两座丰碑。斯人虽去，然夔契永存！

第八章
诗文革新

北宋结束了唐末五代以来藩镇割据、军阀混战的分裂动乱局面，建立了统一的国家。新的政治局面带来了社会经济和文化学术的繁荣，又促使社会精神风貌较之前代大为改观。因此，很多历史学家认为，在中国历史上，由唐代到宋代，文化层面上经历了一次明显的转型。首先就体现在宋代文治与文教事业的空前发展上。从大的背景上来看，宋以前，中国历代专制王朝大都"重武轻文"，而宋代所制定的"重文轻武"的基本国策为其文化建设提供了一个有利的发展环境；从科举方面来看，录取名额的扩大使宋代每榜科举考试录取的人数远远超过唐代，对取士范围的放宽使知识分子的数量迅速增加，封弥誊录制度的创立和推行使科举取士更加具备公平性；从学校教育方面来看，京师学校皆隶属于国子监，地方学校也相继兴建，从上至下都形成了较为良好的学习环境。与此同时，宋代在图书收集与编纂方面也颇有所成，宋太宗时期就修建"三馆"，并下令"三馆"依据《开元四部书目》，核对馆藏图书，遇到缺失的，全国征集。

宋朝也十分注重对图书的整理与编纂，诏令文臣先后编纂了《太平御览》《文苑英华》《太平广记》《册府元龟》等大型书籍。他们又注重对文集的编刊，如宋人的别集、总集，前代的文集等。此外，活字印刷术的发明使得知识的载体——书籍开始大量地流通与普及，刻书业全面繁荣，为文人读书和研究学问提供了便利的条件。总体而言，在统治者的大力提倡下，宋代对文人的礼遇与科举事业的发展以及文士百官上行下效，使宋代的文化不断发展，处于中国古代文化发展史上的一个巅峰阶段。宋诗在继承唐诗的基础上不断创新，宋词在词体文学史上具有巅峰地位，宋代笔记成为一种独立处于成熟的流行文体，数量繁多且价值多样。

宋代文化的转型不仅体现在文治方面取得了较大的成就，而且在社会文化风气上也得到了明显的改善。《宋史·忠义传序》

第八章 诗文革新

当中有着这样的记载:"士大夫忠诚和豪义的气概,五代的时候都消失殆尽了。宋初之时,宋太祖赵匡胤褒奖韩通、卫融,来表达自己的意向。到宋真宗、宋仁宗之时,像田锡、王禹偁、范仲淹、欧阳修、唐介等一批贤达的士大夫,高风亮节、直言不讳,社会风气也渐渐开始转变,五代以来的颓靡之风于是开始消散。"

北宋建国之初,五代纷乱之风尚存,廉耻与道德沦丧,文章也崇尚虚华浮靡,不少士大夫身上也残存着五代的陋习,对名节十分不重视。宋太祖收兵权后,开始崇尚文治,在社会上激励忠义之风气,奖励儒术,来矫正五代末世的颓靡之风。宋太祖十分尊重读书人,用心于"以宽大养士人之正气",奠定了宋代文治的基础。而范仲淹正是"重文轻武"背景下的一批贤达士大夫中的引流者。《宋史》中对于范仲淹评价说:"每每论及天下大事,范仲淹总是最先奋不顾身的那个,社会上士大夫的风气得到矫正,就是从范仲淹倡导开始的。"朱熹也说:"自打太祖、太宗以来,出了很多的名相,譬如李沆、王旦等,他们都算得上是厚重之人,但是他们还不太能够改变社会上士大夫的风气,直到范仲淹时,社会风气才开始振作。"由此可见,范仲淹确实是当时扭转社会颓靡风气的中坚力量之一。范仲淹之所以能够矫正社会风气,是因为他不仅在思想上倡导学术、推进儒学,在行为上也笃实力行。他反对颓靡,提倡实干,重视教育与人才等,难怪史书评价他为"一时之贤"。

宋代文化的高度发达,是学界一致公认的,陈寅恪先生也曾说:"华夏民族之文化,历数千年之演进,造极于两宋之世。"诚如是也。但是宋初社会文化风气的矫正经历了一个艰难的过程。

一、西昆酬唱

北宋初期,随着社会经济的发展,出现了诸如汴京、成都、扬州等一些比较繁华的消费城市。一些达官贵人,抑或是富商大贾,过着非常奢靡的生活。除了经济的原因外,宋初"重文轻武"与"守内虚外"的国策使士人缺乏建功边疆的进取心,从而转向了对于内心的自我审视。同时,士大夫知识分子独特的社会地位与富足闲暇的生活以及统治者的有意引导,导致社会享乐风气日盛,华丽典雅逐渐取代了浅近平淡。而当时也出现了大批辞藻华丽却缺少实际内容的文学作品,这批作品也恰是当时社会生活在文学上的真实反映。

宋初的诗坛,承袭了晚唐五代的余风,有"宋初三体"之说。严羽在《沧浪诗话》中对此有一个简略概括:"国初之诗,尚沿袭唐人,王黄州学白乐天,杨文公、刘中山学李商隐,盛文肃学韦苏州，欧阳公学韩退之古诗，梅圣俞学唐人平淡处。"宋初诗坛喜爱和模仿中晚唐诗，尤以白居易、李商隐、贾岛、姚合的诗为最，许多诗人争相效仿、不遗余力。

"宋初三体"一为白体。白体诗在宋初流行最早，即以白居易为宗，诗风平易浅近，继承了中唐时期所盛行元和体的闲适意趣，注重表现官居的闲适生活，品味文人生活中的雅趣，但回避了元和体中稍带锋芒的现实批判精神。元和体这种体裁是在唐宪宗元和年间（806—820）开始流行的诗体格式，以元稹、白居易的作品为代表，包括次韵相酬的长篇排律以及中短篇杂体诗。白体诗派中的许多诗人都是由五代入宋的，代表人物主要有李昉、徐铉等。

二为晚唐体。晚唐体诗歌的流行差不多与白体诗同时，晚唐体诗人以贾岛、姚合为宗，以描写山林风物见长，以清逸幽隐为旨归。他们大都遁迹山林、追慕隐士，着力学习贾岛、姚合的苦吟精神，在诗中常常抒写着隐遁淡泊的心情和幽深静谧的意境。代表人物有九僧、林逋、魏野、潘阆等。

宋初文风在以上两个诗派的推演下，浅切和枯淡之风愈演愈烈。白体诗作往往流于平淡、粗浅，而晚唐体诗作又过多表现出苦吟之感。此时，杨亿、刘筠和钱惟演等人在遍寻前代诗集之后，发现李商隐的诗"包蕴密致，演绎平畅，味无穷而久愈出，镇弥坚而酌不竭，曲尽万态之变，精索推言之要"。李商隐的诗辞藻华丽、多引典故，不仅给人一种高深、朦胧的意境，而且表达出一种富贵气象，故而颇受宋初文人的关注与青睐。很多文人纷纷认为学习李商隐的诗既可纠正白体的浅易，又可避免晚唐体的无端呻吟，所以他们开始以李商隐缜密华丽的诗风来取代当时卑陋枯淡的诗风。于是在当时的诗坛上，以白居易为宗，直白浅近的白体和以贾岛、姚合为宗，瘦劲清苦的晚唐体逐渐被雍容富丽、以李商隐为宗的西昆体所取代，对同时代诗歌流弊进行纠正的西昆体诗歌便应运而生了。

西昆体诗歌虽标榜以李商隐为宗，但实质上只是片面发展了李商隐追求形式美的倾向。诗歌形式上多表现为声律和谐、对仗工整，用词上以"不说破"、多用典故、辞藻华丽、语义要深为主要特征，内容上却贫乏空虚，脱离社会现实，没有真实情感，缺乏相应的实用价值。以杨亿的西昆体诗歌《馆中新蝉》为例："碧城青阁好追凉，高柳新声逐吹长。贵伴金貂尊汉相，清含珠露怨齐王。兰台密侍初成赋，河朔欢游正举觞。云莫翠缕徒自许，先秋楚客已回肠。"杨亿的这首"咏蝉"诗，全文无一处提到"蝉"字，却多处运用典故，以辗转的语言表达出"蝉"的征貌。全诗又透露出一种凄怆悲凉之感，蝉本在秋季之时销声匿迹，却要追求天凉，殊不知"天凉好个秋"对它们而言却是死之将至。

孙望、常武国先生在《宋代文学史》中，对西昆体的特点进行了较为精辟的总结："西昆体的一般特点主要是：其一，取材于翰院文士的日常生活和个人雅趣，多为唱和、赠答之作，往往数人同咏一题，所谓'更迭唱和，互相切劘'。其二，全写近体，讲究音节铿锵，辞藻华丽，对仗工整，组织精致，时有新警之处。其三，取材博赡，典实密丽，但诗意晦涩，有钉短堆垛之嫌，乏清虚爽畅之韵。其四，标榜仿效李商隐（李商隐已有《蝉》诗，表现的是诗人的羁旅之情，与杨诗不同），刻玉雕金，织锦编绣，研味前作，握其芳润，流香艳于行间，一以细腻风流为贵。"确实一语中的。

以西昆体诗歌为创作对象的文人群体所形成的流派被称为"西昆派"，以杨亿、刘筠、钱惟演等宋初馆阁文臣为代表，其主要代表作是《西昆酬唱集》，由杨亿编纂而成。杨亿，字大年，建州浦城（今属福建省浦城县）人，生于开宝七年（974）。杨亿少时聪颖、博闻强识，幼年之时，其母口授其小经，随即出口成诵。7岁之时便能作文答对，人称其有老成之风。11岁就以神童召试，朝堂君臣颇为惊异，朝廷遂授其秘书省正字，并特赐袍笏。淳化三年（992）赐进士及第，历任著作佐郎、知制诰。当时太宗在后苑赏花设宴，特为其置座于侧赋诗，可见太宗对其之宠爱，也可见杨亿以才学折服了这位君王。至道年间（995—997），当时公卿所上表疏，多假借杨亿之手。当时宋太宗亲自制作九弦琴、五弦阮，奏颂的文士众多，然而太宗认为杨亿所颂优于他人，并赐给杨亿绯鱼袋。如此种种，足以见得杨亿在当时文坛的崇高地位和文笔的优良。景德二年（1005）与王钦若同修《册府元龟》，大中祥符六年（1013）《册府元龟》修成，进秩秘书监。另外在钱若水的举荐下，杨亿参与修撰《太宗实录》，他独立修撰56卷，书成，真宗称其长于史学。天禧四年（1020）十二月卒，年47岁。

西昆派的代表作《西昆酬唱集》是一部唱和集，集中共有250首唱和诗作（今本存248首）。唱和诗，即前有首唱之诗，后有相应的和诗。宋初社会的逐步安定与繁荣以及文人社会地位的不断提高，使诗酒唱和成为文人普遍的一种生活状态，这种生活状态给文学创作带来的直接影响就是大量的唱和诗不断涌现。他们在诗歌创作中或回避社会矛盾，写身边琐事和宴饮生活，或取悦君王，粉饰太平，或吟玩性情，自我愉悦，互相唱和酬答，诗歌成了他们娱乐和排遣的工具,唱和诗随之大盛。

宋初,不论在朝文人还是在野隐士,上自皇帝大臣,下至地方士人都创作了大量唱和诗,君臣之间的唱和诗不仅是酒宴上助兴娱乐的工具,而且也是皇帝显示自身才华、考验臣下水平的方式。朝臣僚属创作唱和诗往往以交际和娱乐为目的。他们在从政之余、公退之暇,通过宴会雅集、歌咏赋诗、彼此唱和的方式进行思想和情感的交流。不仅如此,地方文人、隐士和僧侣也经常进行吟会唱和活动,创作出许多唱和诗。唱和诗的大量出现为唱和诗集的编辑打下了坚实的基础,《西昆酬唱集》就是这样的时代背景下孕育而出的代表作。

《西昆酬唱集》是编修《册府元龟》的附带产物。前文已经提及,宋初统治者非常注重文化建设。宋仁宗时期,《太平广记》《太平御览》《文苑英华》三大类书就已编纂完成,另一部类书《册府元龟》始编纂于宋真宗时期。《册府元龟》的编辑为《西昆酬唱集》的编成提供了一个良好的契机。景德二年(1005)九月,宋真宗令资政殿学士王钦若、知制诰杨亿以及李维、钱惟演、夏竦等人取历代君臣德美之事,编修《历代君臣事迹》,至大中祥符六年(1013)八月编纂完成,改名为"册府元龟"。"册府"意为"藏书之府","元龟"即"大龟",取"龟鉴"之意,即以史为鉴,起到警示和反省的作用。

参与《册府元龟》编纂的 17 位文人中,除刘承珪、刘崇超典掌日常事务,孙奭注撰音义外,其余杨亿、刘筠、钱惟演、刁衎、陈越、李维等正是《西昆酬唱集》诗歌创作的核心力量。在编修《册府元龟》的过程中,这批文人在秘阁之中,从前代文化典籍中广泛采撷资料,不仅要将大量的资料分门别类、考镜源流,还要正确地把握历史典故。不知不觉中,这批文人便接受了大量历史文学遗迹的熏陶,这使得他们拥有了较为完备的唱作西昆体诗歌的文化基础。

参与编修的这批文人,不时以诗歌唱和酬答。他们所进行的"西昆酬唱"活动于景德二年(1005)秋天正式拉开序幕。在编修《册府元龟》的这段时间,一共举行了 66 次"西昆酬唱"活动。以杨亿、刘筠和钱惟演参与唱和的次数最多,他们三人是"西昆酬唱"活动的领袖人物和中坚力量。后来,杨亿把这些诗汇为一集,这就是《西昆酬唱集》。《西昆酬唱集》主要收录了景德二年(1005)至大中祥符元年(1008)期间杨亿、刘筠、钱惟演等 10 余人的酬唱、应答之作。数量多达 200 余首的唱和诗中,杨亿、刘筠和钱惟演三人的唱和诗就占了五分之四以上。这些唱和诗歌以五七律诗为主,其特征是属对精工、音韵和谐、语言浓艳，与当时流行的以浅切为特征的白体形成鲜明对比，引起学子的争相仿效。对于这一部诗集的影响，欧阳修在《六一诗话》中言道："杨大年与钱、刘数公唱和，自《西昆集》出，时人争效之，诗体一变。"

西昆体是《西昆酬唱集》所引发或形成的一种文学风格，是西昆体作家在作品中所共同表现出的一种文学观念和审美取向。西昆体在宋真宗和宋仁宗时期风靡一时，占领文坛近40年，直到范仲淹、欧阳修诸人的诗文革新运动取得胜利，才开始逐渐退出文坛。《西昆酬唱集》的编辑和盛行，促使西昆体逐渐发展成宋初诗坛上声势最盛的一个诗歌流派。《四库全书总目》评价说："其诗宗法李商隐，词取妍华，而不乏兴象。"《西昆酬唱集》作为西昆体的代表作，内容主要是歌功颂德、抒闲写逸之词，形式上着重雕琢章句、字词与对偶，是一种追求形式之美却无实际内涵的诗作集。由于西昆体诗作严重脱离社会生活，引发有志文士大力呼吁进行文风改革，于是一场轰轰烈烈的诗文革新运动便兴起了。

二、兴复古道

北京大学邓小南教授说："大体上看，宋代是社会经济、制度建设、科技文化相对领先于世界的时期，是艺术创新与'复古'思潮兼济并行的时期。"谈及"复古思潮"，早在中唐时期，以韩愈、柳宗元为首的一批士人就掀起过一场"兴复古道"的古文运动。这场古文运动以提倡古文、反对骈文为特点，在内容上实质是一场文体改革运动，目的在于推行古道、复兴儒学。就其本质来看，中唐时期的古文运动其实算不上成功，因为晚唐至宋初时期，骈文又曾一度泛滥。中唐古文运动虽然夭折了，但是韩愈以"道统"相号召的中唐古文的创作，却给北宋文人提供了借鉴。

西昆体取代白体与晚唐体成为文坛主流后，其一味追求艺术形式华美而不问民生疾苦的做法逐渐遭到了一些文人、政治家的反对和批判。于是，宋初以王禹偁、范仲淹、欧阳修等一批倡导文体革新、倡导实干的士人领导的诗文革新运动便由此展开了。这项运动的展开，是有其思想根源的。宋代皇朝为了巩固它的统治，对知识分子采取了笼络政策，进一步发展了科举制度，扩大取士名额。这样，进入统治集团的读书人日渐增多，形成一股强大的政治力量。而他们政治思想的底色，基本上是儒家思想。他们探索治乱兴衰的原因是追求儒家的"王道"，是用以研究富国强兵的。当时诗文革新运动的文学思想，正是这种政治思想的产物。

第八章 诗文革新

关于宋初复兴儒学的过程,范仲淹说:"唐宪宗元和年间,韩愈提倡古文。至五代,文风浮靡。今我朝柳开起而麾之,率领门徒众生探寻儒家经典,倡导古文,力图革新变古,却未能成功。这是因为杨亿等人名气甚高,影响力还相当大。洛阳尹洙少有高识,不逐时辈,从穆伯长游,力为古文。更有欧阳修奔走呼吁、力倡古文,天下文风这才开始转变。"

总体而言,宋初的儒学复兴可大致概括为三个阶段。第一阶段以柳开、王禹偁等为首,他们对杨亿等人的西昆体诗歌进行大力批判与攻击,同时也通过自己撰写文章诗词来阐发自己的理论。第二阶段以范仲淹等人为首,范仲淹除了建立文学理论外,还通过政治上的力量来革救文弊。第三阶段以欧阳修等人为首。欧阳修、尹洙等人标榜韩愈的文集,将文风革新与政治风气革新结合起来,在一大批士人的共同努力下,经过30多年的努力,古文运动终于得到了蓬勃的发展。

这场"兴复古道"的革新运动基本理论是要求文学"明道""致用""重散""尚朴",于是,在复兴儒学成为一种时代迫切需要的情况下,王禹偁和柳开等人成为最早提倡儒学复兴的文人先驱。他们把文学革新与儒学复兴合为一体,使儒学复兴与文学革新互为表里,以文传道,力图以文学的革新来振兴儒学。王禹偁、柳开等作为诗文革新运动的先驱者,首先就从理论上批判了以西昆体为代表的浮艳文风。他们明确地提出要效法韩、柳,主张文章内容当是"明道",其目的当是"致用"。

王禹偁的儒学复兴思想,源于对晚唐五代以来的社会思想风气的不满。他一再哀叹"近代以来,丧礼尤废",故而在自己的文学创作中,他秉承儒家民本思想,努力振兴宋初诗风。如其悯民诗《感流亡》曰:"门临商于路,有客栖檐前。老翁与病妪,头鬓皆皤然。呱呱三儿泣,一夫恂恂鳏。道粮而斗粟,路费无百钱。唯愁大雨雪,僵死山谷间。"王禹偁结合自身的遭遇,对于贫苦百姓的现实生活做出了真实的描述,表达了对于百姓悲惨遭遇的同情。置于儒学复兴运动背景下的王禹偁的悯民诗,从"达则兼济天下""为天下生民立命"的信念出发,深以不能济民于水火为耻。不过王禹偁仅仅是将儒家思想融于自己的诗文创作中,并未能从根本上动摇当时的诗文风气。虽然如此,王禹偁的行动为诗文革新运动的后来者指明了方向,其文学观点和创作实践被后起的欧阳修、王安石、"三苏"、曾巩等人继承并发扬光大,成为诗文革新大业的先锋。

学者陈荣照认为:"自宋太祖收兵权、奖励儒术、崇尚文治以来,经历了半个多世纪的养士,到真宗、仁宗时期,士气才有

第八章 诗文革新

了明显的转变。"诚然,这与范仲淹等诸贤"卓然自拔于流俗,以名节志操相砥砺"是分不开的。

也有历史学家认为:"从天圣(1023—1032)年间至庆历(1041—1048)年间是北宋历史发展的关键阶段,政治革新和儒学复兴思潮是这一阶段的重要内容。当时在范仲淹周围形成了庞大的士人集团,正是他们的群起呼应,奋发作为,造成了政治革新和儒学复兴的浩大声势,在宋代社会政治思想、文化史上掀起了轩然大波。"

仁宗时期,诗文革新运动步入高潮阶段,以范仲淹为首的一批政治思想家登上了诗文革新的舞台。他们不仅主张要改革文风,戒浮华之气,而且强烈反对统治集团腐化奢侈。天圣三年(1025),范仲淹以文林郎、守大理寺丞的身份呈进了《奏上时务书》:"希望皇帝能够与大臣们商议文章之道,追慕古人,师虞夏之风。赵宋乃泱泱大国,实在不应该一味追求六朝浮靡的文风。皇帝应该教育词臣,兴复古道,以救时于文博。"

天圣五年(1027),范仲淹在《上政执书》中建议科举考试应该"先策论,后诗赋",提出通过改革科举来兴复古道。他指出:"学生的科举考试,应当先行策论看他是否合于实用,再策诗赋看他的涵养与学识。以是否合于实用决定是否录取他,若单是言语缥缈、注重辞章之徒，则不取。再通过其他的考察，综合各项指标来确定他的才能等级。"他还建议："聘请教资良好的教师教授学生儒家经典，并将教学与考试相结合，这样学生必定勤学。时间一久，自然能够复兴古道，挽救实世之弊。"

范仲淹从当时士风带来的弊端以及革新举措等多个方面，数次向仁宗进谏。他的进言，条理清晰、言辞恳切，宋仁宗于是下诏说："我看天下学士的文章，都是竞相浮靡，实在是无益于治世之道，这不是我所希望看到的。礼部应该申饬学者，务在求实，学习明圣之道。"

随后，范仲淹又以《上时相议制举书》上书当时的宰相吕夷简。他把文风与国运相结合，认为："虞夏文风纯正，则可知其国家强盛；而观南朝文风浮华，则可知其社会衰靡之风。而宋初文坛充斥着效仿六朝的浮靡之风，于国不利。"因此，他建议朝廷对此做出改变。在此次对宰相的上书中，范仲淹也对考试的内容提出了自己的建议："若科举考试能够先之以六经，次之以正史，该之以方略，济之以实物，即科考内容重视六经与正史，文体方面重视策论，文章所言之物当是时务。让天下贤俊之人，注重实际，懂得教化，多年后，朝廷自然会得到更多真正的人才，到这时，社会风气也必然得到振兴。"明道二年（1033），宋仁宗又一次下诏申诫浮文："近年来的进士所作诗赋过于浮华，提出应该加以以策论取士。"

北宋的诗文革新运动，不仅是对唐代古文运动的继承和发展，更是围绕政治革新开展的一场儒学复兴的思想文化运动。范仲淹对此所做出的一项最重要的举措就是庆历新政中的科举改革。

北宋前期，诸科主要考贴经、墨义，只要求考生从经典中死记硬背，并不能够体现出考生的实际应用水平。于是在庆历三年（1043），时任参知政事的范仲淹上《答手诏条陈十事疏》。奏疏中的第三条"精贡举"便是针对科举改革的，主要对科举和学校的结合、科举考试的内容和方法等提出了一系列具体举措。其一在于大兴学校，举荐通经有道之士，人才才是振兴国家的基础；其二是改革科举考试内容，将进士重诗赋改为以发挥才识的策论为主、诗赋为辅。虽有经义内容，但取消记诵为主的贴经、墨义（贴经即以纸贴盖经文，让考生背诵；墨义即背诵经文的注疏），主要考查应举之人对于经之旨意的掌握，且极为严格，考查10通，掌握7通以及以上之人方为合格，由此也为国家选拔了有用之才。

此外，范仲淹的一些文学主张和革新理论，比如注重文学创作的社会功用、主张文学反映时代特征等观点，继承了中唐时期韩愈、柳宗元古文运动的理论主张，对北宋诗文革新运动起到了很重要的推动作用，而这些文学革新主张更是对欧阳修产生了更直接的影响。

北宋诗文革新运动的领袖之一欧阳修也对五代时期上下、尊卑失序的状况极为不满，他把礼义廉耻与国家治乱联系起来，严厉斥责不修臣节、历仕四朝的"长乐老"冯道"其可谓无廉耻者矣"，希望以儒学的复兴来实现国家的长治久安。当时在政治上属于革新派的欧阳修，利用他在政治上的方便和文学上的崇高地位，吸取柳开等人反对宋初形式主义文风，大声疾呼，倡导新古文运动。

宋仁宗天圣九年（1031），欧阳修任西京留守推官时，就开始了革新诗文的活动。当时西京留守幕府里聚集着不少文士。欧阳修与尹洙、梅尧臣等互相鼓舞，一反当时的风气，写作平易质朴的古文诗歌，并补缀校定韩愈文集，刊行散发，扩大影响，最终收到了"其后天下学者亦渐趋于古，而韩文遂行于世"的效果，逐渐形成了诗文革新运动的浩大声势。

宋仁宗嘉祐二年（1057），欧阳修知贡举，担任科举考试的主考官。他采取坚决而果断的手段，在评卷时对那些华而不实或险怪奇涩的文章极力贬抑，而录取写作平易质朴古文的人。尽管有人反对，但他毫不动摇与畏惧。他奖引后进，录取了善作古文的苏轼、苏辙和曾巩。当时与欧阳修站在一起推动诗文革新的,除了政治革新的代表人物范仲淹以及欧阳修的朋辈梅尧臣、苏舜钦、尹洙、石介等人以外,还有直接或间接在他的培养、鼓励下成长起来的苏洵、苏轼、苏辙、王安石、曾巩等一大批作家。欧阳修将这批后进之士拧成一股革新诗文的核心力量,他们在文坛上互相呼应,大大扩大了诗文革新的社会基础。

北宋诗文革新运动达到高潮并取得决定性胜利,还因为有欧阳修及其领导下的文人们对革新理论的阐发与提倡,欧阳修正确总结柳开等诗文革新运动先驱者的经验,扬长避短。他们写出了许多带有示范作用的诗文,如欧阳修的《醉翁亭记》《秋声赋》,王安石的《答司马谏议书》《读孟尝君传》,苏轼的《传神记》《书吴道子画后》《赤壁赋》等。

经过30多年的努力,到宋仁宗嘉祐末年,北宋文坛呈现出前所未有的烂漫景象,西昆体的影响也基本消失殆尽,诗歌面貌焕然一新,散文蓬勃发展,影响所及,赋和骈文都跟着产生了很大的变化。

三、明体达用

自隋唐以来,国家凭文章取士,不太看重经术实学。在这样的考试要求下,读书人为了求得功名利禄,对于儒家经典并没有进行过更多的关注与研究,反而醉心于对浮华辞藻的琢磨。宋初胡瑗的教学,并没有跟随如此潮流。他订立的教育目标,在于"明体达用","体"即为道德仁义,"用"即为政事文学,意思即为把儒家的纲常名教和儒家的诗书典籍在实践中应用,就可以达到治国安民的目的。他所提倡的教学方法是设立经义、治事两斋,意思就是说培养学生明白经典大义和学会探讨实际的学问。

对于范仲淹"矫厉尚风节",古今中外都不乏称赞之词。一方面,他不仅笃学力行、推进儒学;另一方面他更是一生倡导学术、注重教育。而他的教育思想,更是深受两位大学问家的启发。一是与范仲淹颇有私交的安定先生胡瑗,尤其是胡瑗的"明体达用"之良方,直接影响着范仲淹在地方兴学育才;二是范仲淹的良师益友晏殊。

胡瑗,字翼之,北宋时期学者、思想家和教育家,淮南东路泰州(今江苏省如皋市)人,因世居陕西路安定堡,世称安定先生。胡瑗与孙复、石介并称为"宋初三先生"。他提倡"明体达用",开宋代理学之先声,后又主持建学,对宋代教育事业做出了很大的贡献。

《文献通考》记载:"胡瑗自庆历中在苏湖两地之间教学已有

20余年，在胡瑗门下读书的子弟前后达千人之多。胡瑗的学堂中有经义斋与治事斋。经义斋选择性情开朗，有抱负，有志向，可以担任大事的青年；治事斋则根据各个学生的才能不同，一人主修一科，再兼修一科，根据自己的兴趣从政治、军事、边防、水利、算术等科目中进行选择，向学生们讲解经义以及时务。不仅训练学生研习六经中治国平天下的基本学理，而且也富含教学实践的意味。"

《宋元学案》中记载了胡瑗与学生徐积之间的趣事：徐积初次见到胡瑗先生时，尚不知先生的严苛，于是并没有正襟危坐，而是摇头晃脑、威仪不肃。先生见他一副吊儿郎当的模样，顿时非常生气，并厉声斥责他说："徐积，给我把头抬起来，身体坐端正！"徐积猛然抬头，见到先生一脸严肃，瞬间愧不能已，反省道：跟着胡瑗先生学习，不仅脑袋要直，心更要直！从此之后不再摇头摆脑、不自庄重。后来徐积也常常对旁人说起自己的学习经历："我在老师胡瑗的门下学习，收获非常之多，老师的每一句话我都记在耳边，一个字也不敢违背。"

胡瑗不仅在教学方法与教学内容上有着自己独特的见解和方法，在学习之外的生活教育中亦是颇有心得。《宋史·胡瑗传》中记载说："胡瑗教育学生非常有自己的一套，给学生制定了详细的学习规则，督促学生必须严格执行。并且以身作则，即便是夏日炎炎、酷暑难耐，胡瑗也是穿戴好教师应该穿的服装，端端正正地坐在讲堂之上，严格遵守师生之间的礼仪，端正学生的品行，提高学生的素养。课外却视学生为子弟，多为关照，学生也爱戴他如同父兄。"

又《宋元学案》载："胡瑗在课内非常严格与严肃，但是在课外非常注重学生的娱乐活动。每次教学任务完成之后或是考试之后，都会组织学生聚集在大堂之内，大家一起吟诗作乐，歌而和之，常常玩耍到夜间才散去。节假日时，学生也可以自行组织娱乐活动，歌诗奏乐莫不欢快，琴瑟之声响彻于外。"将课堂之内的严格与课堂之外的欢乐结合起来，让学生"该学时莫不用心，该玩时莫不欢快"，真所谓"寓教于乐"啊！

胡瑗在湖州教学，不仅向学生讲授经学词旨，也十分注重培养学生的品格。在湖州期间，其门下人才辈出，这与胡瑗严慈相济的教学方式密切相关。欧阳修大力称赞胡瑗："从明道景祐年间以来，从事教育活动的教育家只有胡瑗、泰山孙明复、石守道三人。三人中以胡瑗先生的生徒最多，其在湖州教学时，学生来来去去便是数百人，又转相传授，若如此，此时先生在湖州的门生弟子岂止数百人。先生的教学方法又最为完备，教学多年，东南学士没有不以仁义礼乐为学的。庆历四年（1044），教育活动再次兴盛，朝廷在东京兴建太学，于是派有司下湖州向先生求取教学之法以完备京师之学，作为太学法。之后的数十年，胡瑗先生居住在太学，很多学者都慕名而来，求学人数之多以至于太学容纳不下，于是取旁边的官署作为学舍。每每礼部贡举所得之士，胡瑗先生所教的弟子占据一半之多，这些人在当时非常有名，其他不在京师而散落于四方的弟子门生，也往往自有一种循循雅饬的气度，不必过多询问，只要观察他们的言谈举止就能够知道肯定是胡瑗先生的生徒。"

这种以"明体达用"为号召的教学理念，学以致用、寓教于乐的教学方法，为人师表、以身作则的教学态度，严慈相济的教学手段等，都与范仲淹心中所期待的教学观不谋而合。范仲淹也从胡瑗身上得到了很多教育方面的启发以及经验，尤其是"明体达用"的教学理念，对范仲淹产生了非常大的影响。范仲淹更是在《奏为荐胡瑗李觏充学官》中对胡瑗评价说："胡瑗先生授课，不仅仅讲论经旨、著撰词业，更是常常教以孝悌之义，习为礼法。"

景祐二年（1035），范仲淹出守苏州，请求设立州学，无奈没有足够大的可供办学的场所，于是范仲淹将自己的南园之地捐献了出去，建立学校，让天下之士又多了一个受教育的地方。当时，大教育家胡瑗正在苏、湖二州之间讲学，胡瑗与范仲淹一向颇有私交，范仲淹便请他前来讲学。胡瑗对待学生非常严格，很多学生都不能适应并且多有违规。为了树立纯良的学风，范仲淹将自己12岁的儿子范纯祐送入学堂。范纯祐10岁时就能读很多书，能写文章，在学校中也很识大体、颇守规范，起到了良好的榜样作用。苏州州学树立的良好学风逐渐被天下人知晓。范仲淹在苏州创办的州学，即借鉴了胡瑗的教学方法，分为经义与治事二斋，给学生们规定的学习规矩也非常严格，不仅敦促学生在学堂中要研究经传的真义，而且也十分注重让学生修身养性，着重培养学生治学的能力。在考试时，更是秉持胡瑗先生之"明体达用"，着重以策论测验学生的才识，而非像过去一样考查以记忆默写为主的孤章绝句。

范仲淹非常重视学校的教育和人才的培养，这一点在很大程度上受到晏殊的启发。晏殊，字同叔，抚州临川（今江西省抚州市）人，14岁时以神童入试，赐同进士出身。庆历二年（1042），晏殊以集贤殿学士、枢密使加兼同平章事，官至宰相。晏殊是宋代最早兴学的名臣，欧阳修曾言："晏殊留守南京时（今河南省商丘市），大兴学校，用以教育学生。五代以来，天下学废，兴

第八章 诗文革新

学之风自晏殊开始。"

晏殊独具识人的眼光，乐于奖掖人才，《宋史》中也称赞他"平居好贤"。当世知名之士，如范仲淹、孔道辅、王安石皆出其门。晏殊官位越高，越注重引进贤才、礼贤下士。韩琦、富弼、欧阳修等人，经过他的栽培与引荐，都得到了朝廷的重用，以至一时之间台阁贤才聚集。

乾兴元年（1022），年仅12岁的宋仁宗继位，晏殊因提出由仁宗嫡母刘太后垂帘听政的建议而得到了升迁。后来却因反对张耆升任枢密副使而遭到贬谪，于天圣五年（1027）以刑部侍郎贬知宣州（今安徽省宣城市），后又改知应天府（今河南省商丘市）。在应天府任地方官期间，他极重视书院的发展，大力扶持应天府书院，培养了大批人才。当时恰逢范仲淹以为母亲守丧为由，退居睢阳，晏殊便请他到应天府书院教授学生。

范仲淹欣然接受了晏殊的邀请，自己也没有想到可以再次回到应天府书院，而且是以山长的身份。来到书院，看到这里的一草一木，他回想起自己曾在此苦读数年的寒窗岁月，也思念曾经的师友同窗，不禁感慨万千。他很兴奋也很振奋，觉得不能辜负了晏殊的美意，他要充满热情地大干一场。在应天府书院教书的日子里，范仲淹全身心地投入到教育教学及管理工作中。他训督教员，皆有法度，勤劳恭谨，以身作则。因为他泛通六经，尤其精通《易经》，于是很多学者前来向他请教，而范仲淹乐此不疲地拿着经书替他们答疑解惑。由于他的示范效应，四面八方的读书人渐渐集聚于应天府书院，更从这里走出了日后的文学大家、显宦名臣。

范仲淹执掌应天府书院期间，制定了严格的学习规矩，亲自训导学生。他勤劳恭谨，率先躬行。学生读书与吃饭都有严格的作息时间，晚上也会要求学生睡前阅读，他常常暗自去学生住所进行查看。

有一次傍晚，范仲淹静悄悄地来到学舍，想偷偷查看一下学生的学习情况，不料恰好看到一个学生正在偷懒酣睡。

范仲淹责问他说："别人都在用功读书，你为什么就睡下了？"

学生支支吾吾地说："老师，前面读书感觉身体有些许疲惫，因此略作休息。"

范仲淹又追问道："那你没休息时都读了些什么书？"

学生假装沉思，思考良久，却始终答不上来，范仲淹于是狠狠地责罚了他。

范仲淹制作考试试卷时，对给学生所出的题目也高度重视，对于自己出的考卷,他都会自己先做出答案,来感受题目的难易程度。他在教学过程中,经常告诫学生,为学之序,学、问、思、辨四者最终要落实到"行"上来。书院教学同样吸收了胡瑗的教学主张,让学生按照不同专长学习不同科目,主张学以致用,提倡实地考察。对学生的知识讲授,范仲淹提倡启发性的教导。他不会逐字逐句地将儒家经典进行解释与串讲,而只是给予学生提示,让学生提出疑问,自己再有针对性地进行详细讲解。由于教学方法得当且躬体力行,教学成果也是颇为显著,很多学生慕名而来,就读于此,应天府书院的学风也日益浓厚。故而《宋史》记载:"宋朝兴学,始于商丘。"更有司马光言:"其后宋人以文学有声名于场屋朝廷者,多其所教也。"

范仲淹在应天府书院授徒的那年,就曾上书给当时的宰相王曾,他认为,要想改变士风,培养人才,就必须恢复五代以来就衰落的学校制度,聘任专门人才董督其事,教生徒以学问品德,使生徒成为国之人才。

天圣六年(1028),丁母忧期满的范仲淹得到了王曾的赏识,并经晏殊推荐,获任秘阁校理。此次任命对范仲淹而言意义重大,既让其获得了宋人视为仕途终南捷径的馆职之位,又得以到京城任职。

忧乐系天下：范仲淹

天圣八年（1030），他又在《上时相议制举书》中强调教育的重要性，他说："我认为治国当先培养人才，而人才的养成，是必须通过学校来灌输青少年六经之道，因而提出宗经劝学的主张。"他重视六经是由于《书经》记载了先圣创立法制的言论，《易经》中隐含着安危治乱的微妙至理，《诗经》中指示一些可以作为鉴戒的政治得失，《春秋》中记载了一些国破家亡的历史，以及对乱臣贼子的口诛笔伐，因此学习《春秋》可以使人明辨正邪是非，《礼经》中规定着人类所应守的大节细目，《乐经》虽不存在，但中庸和平的音乐，可以陶冶人的淳美情操，移风易俗。他认为读书人对六经的精深研究，小则可以作为个人立身处世的准则，大则可以用来治国平天下。

范仲淹幼年苦读，已谙熟儒家经典，又有胡瑗等人的教学经验相辅，加之晏殊的大力举荐，让范仲淹有能力、有机会在各地实践其兴学的主张。因为有着困苦的求学经历，所以他深知普通士人就学的困难。他在入仕后，一直倡导积极兴学，每到一地，都会注重发展当地的教育。

宋真宗大中祥符八年（1015），范仲淹当时27岁，进士及第，在担任广德军司理参军时就热心办学。汪藻《浮溪集》中就记载了这件事情："最初，广德军人不知道做学问，也不知道求学，是范仲淹招来三位名士作为当地的老师教导他们,后来当地士人才逐渐有进士及第。"

天圣元年(1023)时,范仲淹知泰州兴化县,亦注重当地教育,陈垓《高邮军兴化县重建县学记》说:"宋初的文治水平,盛况已然,倘若有贤达的守令,那么学校教育也必定会兴盛起来……宋仁宗初期,范仲淹就非常注重地方的学校教育,他创建县学,使当地的学士得到教育。"虽然此次创建县学由于县地狭小、经费缺乏等,成效并不是很大,但这也是范仲淹兴学的一次实践,客观上也促进了当地文教的发展。

景祐三年(1036),范仲淹由开封府府尹贬知饶州,他在饶州也积极建学。《鄱阳遗事录》中记载了范仲淹饶州建学的相关事迹:"范仲淹在饶州建学后,就读的学生越来越多,并且每榜都有登第的饶州之学子,自西晋虞溥在此地招收生徒,施行教育后,数年间,此地学生人数几近三千,但是随后却趋于零散。范仲淹在此地建学后,大大扩展了此地兴学的规模,生徒发展到4000人。"一年后,范仲淹知润州(今江苏省镇江县),在该地他同样积极建学,招纳贤士前来讲学。

宝元元年(1038),范仲淹致书邀请布衣贤才李泰伯担任润州州学的教授。在给李泰伯的邀请书信中他写道:"如今润州初建郡学,能否请先生屈尊前来讲学?润州山水俱佳,先生若能前来讲学,必定会对此地学风大有益处,由此真诚地希望先生能够前来讲学。"书信言辞恳切,既显示出范仲淹对学者敬重有加的良好品行,又表达出了自身对于州学发展的热切之心。

润川地区文教事业尤其发达,无论是以科第成名的士人,还是以学养闻名的学问家,其数量都位居全国之冠,这与范仲淹、胡瑗等教育家的积极推动是分不开的。除了对地方教育的积极兴办外,对于全国的教育事业范仲淹也颇为关心。

庆历三年(1043)八月,范仲淹担任参知政事后,对科举制度提出改进意见,并且结合自己长期以来地方兴学的经验,积极推行全国性的兴学运动,其中比较具有代表性的便是科举改革。

宋初的科举考试内容注重辞章之学,因而文章多风俗巧伪,使得社会文化风气也呈现出柔靡之态。于此,范仲淹提出了自己的改革方案,这在上一节已详细提及。总的来说,范仲淹认为科举改制的内容大致有三:一是在学生参加科举考试之前,应该先受到学校的教育;二是科举考试的内容应该先策论而后诗赋,注重实学而不是一味追求辞藻华丽与浮靡文风;三是在取士时,除了重视士子的学识之外,更应该注重他们的品行。后来,学士宋祁也向宋仁宗上奏说:"我认为选取人才必须要注重他们的真才

第八章　诗文革新

实学,但是如今专注于记诵,仅凭这一项确实不能够充分考察一个人的才干。"因此,宋祁认为,考试应当先试策论,将背记的理论知识与实干相结合。广泛设立学校,完善教学机制。考察学生的品德,品行良好的学生才能够拥有入学的资格。宋祁提出的建议包括对于兴学的办法、教育机制、考试的内容、师资的聘任以及学生入学前的品德考察等各个方面。

除了以范仲淹为首的一批有识之士的兴学建议外,推动宋仁宗下诏兴学的,还有一件事情。庆历三年(1043)秋天,宋仁宗在天章阁召集8位政事大臣,问他们:治理天下最机要的地方在哪里?如果真的要施行应该从哪里开始?结果8位大臣个个惊慌失措、面露窘态,俯伏顿首说:"下官愚笨,这些问题我们也不知道啊!陛下只管按照自己的心意与想法去治国便可。"大臣们的空疏不学令宋仁宗感到非常失望,开始意识到培养真正人才的重要性。于是下诏,指出了当前科举取士的弊端,并责令地方重视教育、设立学校、培养人才。于是在这一年"诏诸路州军监,各令立学,学者二百人以上,许更置县学,自是州郡无不有学"。庆历兴学拉开了宋代学校兴建的序幕,而范仲淹正是此次兴学的先锋。

第九章
壮士暮年

范仲淹入朝做官后，逐渐成为北宋时期主张改革的代表人物之一。庆历三年（1043），同韩琦、欧阳修等人提出了改革时政的10条纲领，即"庆历新政"。新政不仅触犯了大地主、大官僚的利益，而且新政矛头直指当时的保守派，认为他们因循守旧、贪赃枉法，这使得保守派势力对他怀恨在心。庆历五年（1045）正月，范仲淹已57岁，被罢参知政事后，拜资政殿学士，被贬到邠州（今陕西省）做知州，兼任陕西四路缘边安抚使，总领陕西四路的军队。十月，宋仁宗派遣中使查视山东盗贼，中使却告诉宋仁宗说："盗贼尚且不足虑，但是兖州的杜衍、郓州的富弼，在山东颇受百姓爱戴,这很值得担忧。"于是引起了仁宗的忧虑。恰逢地方谋叛以及契丹问题,宋仁宗十分担心,如若改革派手中握有兵权,可能会对皇权造成威胁。于是在十一月,仁宗罢免了范仲淹以及富弼的安抚使职,收回他们的兵权。随后范仲淹改任邓州知州。

一、邓州随想

庆历五年(1045)正月,57岁的范仲淹被罢免参知政事后,向宋仁宗上《陈乞邓州状》,求解边任。十一月乙卯(十四日),宋仁宗同意了他的请求。随后,他从邠州南下,以给事中、资政殿学士的身份赴邓州任职。

关于范仲淹自请知邓州的缘由,他在《陈乞邓州状》中有所说明,文句之中,言辞恳切:"唯望陛下悉知,老臣仲淹今年事已高,身患肺病,体不支行,但老臣爱国之赤胆忠心,拳拳可知。如若国家需要老臣,老臣定当鞠躬尽瘁,断然不会逃避退缩,但是现在皇朝与西夏已经议和,国家平稳、百姓安居乐业,俨然盛世图景。更无奈老臣病情日复一日,未见好转,漫长仕途亏得圣心庇佑,如今年老,尚不知西去几何,尤其盼望与家人亲友团聚,享受人间亲情与天伦之乐,期望陛下体谅老臣年老之心,让臣寻医养病,盼望圣心恩准。"

范仲淹以疾请辞，其中还有无法言表的内在原因。知邓州之前，范仲淹任邠州知州兼陕西四路沿边安抚使，"盖年向晚衰，风波屡涉，不自知止，祸亦未涯，此诚俱于中矣"。范仲淹知邠州后不久，给韩琦写信诉说自己的心情，说自己可能是年事已高，屡次遭受各种政治风波，此次任职仍然处于危难之中，所以诚惶诚恐，心情也颇为复杂。当时朝廷内部保守派常常不择手段对新政派进行围攻与迫害，自己若还是身挂军职留在邠州，难免遭受非议。故而请辞邠州，以避边塞清寒。

秋风萧瑟，草木摇落，一路上，范仲淹的思绪既有愁绪万千，又有一份如释重负后的安然之感。邓州位于伏牛山脉南部，"六山障列，七水环流，舟车会通，地称陆海"。气候温和，降水量适中，地势平坦多沃野，而且当地民风淳朴，人稠物丰。此州始置于隋朝开皇三年（583），宋初的邓州，又叫南阳郡，下辖穰县、南阳县、内乡县、顺阳县、淅川县五县之地，相当于现在南阳市的大部分地区。北宋初政府治地设在穰县，也就是现在的邓州市。北宋初有很多朝廷要员曾经出知邓州，比如赵普、寇准等。被范仲淹誉为"穰都善地"的邓州，也是北宋王朝的中原重镇，占据着非常重要的地理位置。

庆历六年（1046），58岁的范仲淹正式上任邓州。范仲淹到

第九章　壮士暮年

任邓州后，发觉邓州风俗古朴淳厚，政事少简，让自己操心的地方也不多，自己的病情也得到了很大缓解，心情也随之发生了一些变化。"欲少祸时当止足，得无权处始安闲"，可见范仲淹在邓州生活时的闲适之情。后来，他把家人也接到邓州一起来生活，庆历六年（1046）七月，婢女张氏为他生下了第五子范纯粹。

来到邓州后，虽不再直接参与朝廷杂乱纷争，但是范仲淹立志造福天下百姓的理想并未泯灭。在邓州的三年，范仲淹仍时刻关怀百姓、体察民情，深受邓州百姓的爱戴。为了深入了解当地百姓的生活，范仲淹也跟百姓一起兴致勃勃地参加各种风俗活动。他先后参加过正月二十二日士女游河、三月三日郊外踏青、祭风师等大大小小的活动。

游河活动非常有意思，正月二十二日那一天，小姑娘们游河踏青，将中通的小石头用彩色丝带穿起来带在身上祈求祥瑞，范仲淹以诗句"彩丝穿石节，罗袜踏青期"将此风俗生动地记载了下来。祭风师活动关乎百姓一年四季的农业生产，因此，范仲淹带领僚属参加此活动时都表现得非常严肃与虔诚，先行斋戒、登坛拜祭、叩头祈求、作诗祭义，范仲淹无一不亲力亲为。他祈求风师在刮风时时间与大小都要合适，这样才能有利于农作物的生长，老百姓才能够安居乐业。不要刮大风掀起波涛与海浪，这样不仅会损坏船只，也会影响水路交通。夏日雷雨季节，不要把云全部吹散，引起天旱使庄稼枯黄；秋高气爽的八月十五，是月明星稀、家人团圆的好日子，风师可以把云彩全部吹散，让天下百姓都享受这明月清风，感受愉悦。范仲淹多次虔心敬意地祈祷上苍，以求百姓农业生产四季顺利。

庆历六年（1046）秋冬时节，邓州数月未曾降雨，一度干旱，导致庄稼都枯黄了，百姓们愁苦不堪，范仲淹关爱百姓，为此揪心不已，说道："自古至今，天下做官的没有不想为国家分忧解难的。现如今邓州干旱，我除了祈求上天降下雨雪，其他的却什么都做不了，每旬向皇帝陛下奏报我都感到惭愧啊！"范仲淹还是竭力引水抗旱，不过效果并不显著，一直等到瑞雪降临他才大为安心。面对他人的祝贺，范仲淹更是作诗《依韵答贾黯监丞贺雪》予以赠答，来表达自己喜不自胜的心情："浑祛疠气发和气，明年黍稷须盈畴。烟郊空阔猎者健，酒市暖热沽人稠。……常愿帝力及南亩，尽使风俗如东邹。谁言吾人青春者，意在生民先发讴。"范仲淹想到"瑞雪兆丰年"的情景，高兴得饮酒击筹，载歌载舞。如此种种，是这位长者虽然经历数度政治风波，但未曾改变的那颗为民为天下的拳拳之心。

邓州有一处名胜，叫作百花洲。百花洲原叫东湖，后来湖中建岛，岛上遍植百花，于是取名"百花洲"。百花洲具体建于何时，未见史书有明确记载。据说现存的最早的歌咏百花洲的诗篇是《答燕龙图对雪宴百花洲见寄》，其中有诗句"百花洲外六花寒，使幕凌晨把酒看"。此诗为宋仁宗景祐二年（1035）兵部尚书宋祁写给邓州知州燕肃的赠诗。宝元二年（1039），谢绛任邓州知州，不仅重新修整了百花洲，而且还在百花洲畔的城头上建揽秀亭。欧阳修曾拜访谢绛，一睹百花洲与揽秀亭的风采，兴起作诗《和圣俞百花洲二首》曰："野岸溪几曲，松蹊穿翠阴。不知芳诸远，但爱绿荷深。"可以想见，当时在荷花和绿阴环绕下的百花洲风景之秀美。然而，当范仲淹来到邓州时，百花洲已不复当年秀丽之景。于是他筹措资金，对百花洲进行营缮修葺，并新建了嘉赏亭与菊台。范仲淹翻修百花洲并非为了自己享欲玩乐，而是将重修的百花洲辟为园囿与民同乐。

范仲淹非常重视昌文兴教、培养人才。每到一地，他都会竭力去振兴当地的文教事业。早先知邠州时，就曾经扩建州学，在《邠州建学记》中指出："国家之患，莫大于乏人……材不乏而天下治，天下治而王室安。"再次重申了培养人才对于国家的重要。范仲淹知邓州时亦是如此，仍然坚持着这一初心，兴建当地的州县学，邓州的花洲书院即为范仲淹所建。

花洲书院坐北朝南，位于范文正公祠堂东面，书院的讲堂名为"春风堂"。这源于一个典故：汉武帝问东方朔："孔子与颜渊的品德谁更高一等？"东方朔回答说："颜渊的君子品德如同一座飘满桂花馨香的山，孔子却如同春风一般，吹到哪里万物都能生长。"范仲淹将讲堂取名"春风堂"，自是希望老师讲课如春风化雨，台下的学生听着如沐春风，使春风能够浸润生徒。不仅如此，范仲淹也经常在闲暇之余亲自去讲堂执经讲学，培养了很多德行双全的人才。

花洲书院因百花洲而得名，书院中有一口井，是范仲淹为解决当地学子与周围百姓吃水困难而凿的。对此，范仲淹还写了一首长诗："……但愿天下乐，一若樽前身。长戴尧舜主，尽作羲黄民。耕田与凿井，熙熙千万春。"百姓为了感念范公恩德，遂将此井取名为"范公井"。

范仲淹知邓州，政简刑清，仅一年之后便化行俗美，老百姓丰衣足食、安居乐业，由此使得邓州政通人和、百废俱兴。原本两年任期已满，但是邓州百姓十分感念范仲淹，于是范仲淹再请知邓州一年。

尹洙与范仲淹尤为交好，范仲淹曾经因责骂宰相吕夷简而遭到贬谪，尹洙直言自己与范仲淹义兼师友，于是也遭到贬谪。庆历六年（1046），尹洙病重，范仲淹在寄给尹洙的两封书信中，特别关心友人的安康，为其寄去药、酒，后范仲淹更是上奏请求朝廷允许尹洙前来邓州就医养病，两人友谊之真挚可见一斑。尹洙在邓州期间，范仲淹悉心照料，俟其在邓州逝世后，范仲淹又主动担当起为其料理后事的责任。在范仲淹写给韩琦的多封书信中，均谈起尹洙后事的安排，事事留心，巨细无遗。在为其撰写的《祭尹师鲁舍人文》中，范仲淹充分肯定尹洙在文学上的成就、在边防事务上的贡献，为他因正直而坎坷颠沛的仕途感慨万分，同时为友人的逝世悲痛不已。

在邓州度过的三年，是范仲淹一生之中难得的惬意时光。他终于解除了机政和边防重任，又来到这么一个山明水秀的地方，在"幕中文雅尽嘉宾"和诸子随侍的亲情中，迎来了一生中最重要的一次文学创作的高峰。他在这里，创作了大量的文学作品。据研究者考证，现存仍有70余篇书信、文章，最负盛名的《岳阳楼记》就是此时之作。

二、《岳阳楼记》

说到范仲淹，最先浮现在一般人脑海里的是"先天下之忧而忧，后天下之乐而乐""不以物喜，不以己悲"的千古名句。文句之间，不仅体现了作者心怀百姓、忧国忧民的家国情怀，更是展现了作者开朗、豁达的宽阔胸襟。这些千古名句出自中学时就已耳熟能详的《岳阳楼记》。

关于范仲淹是否亲临岳阳楼，学界早年多有争议，后来根据相关学者的考证，发现《岳阳楼记》并非范仲淹亲临湖南岳阳楼后所观所感之作，而是范仲淹知邓州时应滕子京之邀而写。

范仲淹与滕子京友情的开端源自同年之谊。同年，是指科举考试中同榜或同一年考中者彼此之间的称呼，也是宋人交友中极为重要的一种关系。在科举时代，同年之间的情谊往往无比深厚，因为同年之间通常有着相似的赶考经历，使之有惺惺相惜和相互鼓励之谊。又因同年之间多为彼此迈入仕途之初最先相识之友，其中趣味相近、情投意合者，因涉世未深，相比于其他交友群体更易结下单纯真挚的友谊。此外，共事的同僚，因事务性质的相近，以至从政背景和文化修养往往颇为相似。相似的水平则使同僚间有更多的共同话题作为结交基础，共事的经历也让他们对彼此有更清晰的了解。而对其中有望成功或志同道合之僚友，士人往往与之结为莫逆之交，在往后的政治生涯中，相互扶持，彼此关照。昔日同年和同官僚友也是范仲淹交友群体中，占比最高且对他影响最深的人群。范仲淹的同榜进士有197人之多，此外，诸科及赐同进士出身的还有155人。与他有交往及诗文唱酬的即有近30人，有的关系还相当密切。而与范仲淹相知最深、关系最亲密的同年，首推滕子京。

范仲淹与滕子京之间颇为交好，他们于宋真宗大中祥符八年（1015）共同考取了进士，二人之间的交往从此而始。天禧五年（1021），范仲淹在泰州西溪镇盐仓当职，正好当时滕子京也在泰州从事，于是范仲淹去泰州海陵造访滕子京，他们一起读诗书、赏音乐、论道、为文，而且两个人都特别注重学校教育、奖掖后辈，诸多的共同志趣使他们在东海之滨结下了情逾骨肉的金石之交。

二人不仅志趣相投，范仲淹对滕子京也颇为欣赏，称赞滕子京说："滕子京除了做好自己的本职工作外，还认真读书、写作文章，待人也非常和气，热情好客。"范仲淹在滕子京海陵的住处还留有诗歌《书海陵滕从事文会堂》："东南沧海郡，幕府清风堂。诗书对周孔，琴瑟亲羲黄。君子不独乐，我朋来远方。言兰一相接，岂特十步香。德星一相聚，只有千载光。道味清可挹，文思高若翔。笙磬得同声，精色皆激扬。栽培尽桃李，栖止皆鸾皇。琢玉作镇圭，铸金为干将。猗哉滕子京，此意久而芳。"由此可见，在范仲淹心中，滕子京确实是一位文韬武略的全才，而且与自己还有着共同的志向与抱负。范仲淹在之后的仕途中，还多次举荐滕子京，又不失为滕子京政治道路上的伯乐。

宋仁宗天圣三年（1025），范仲淹与滕子京一同修筑海塘，二人之间的友情也在捍海堰的修筑中加深，彼此更加清楚共同为民奋斗的志向。通过此次合作，范仲淹更加认可了他的这个同年，也从此更加奠定了他们共同进退的志趣基础。后来滕子京也因范仲淹的推荐，以泰州军事推官的身份应试于学士院，由此在仕途上得以更进一步。

景祐三年（1036），当时吕夷简执掌朝政，被任用和得到提拔的人大都出自他的门下。范仲淹对这种行径感到不齿，于是把京官晋升情况绘制成一份《百官升迁次序图》，指着图上百官升迁的次序对皇上说："像这样的是循序升迁，像这样的是不符合顺序的升迁，循序升迁才是符合公理的，越序升迁是出于私人意愿。更何况是提拔和降黜陛下的近臣，凡是超过升迁标准的提拔，不应该全部交给宰相处理。"吕夷简对这番话感到非常不满，对宋仁宗说："陛下，范仲淹这是在离间你我君臣关系啊！他自己所举荐的人才是出于私心，他们才是真正的结党营私！"范仲淹因直言敢谏被吕夷简指为朋党的核心人物而遭到贬谪。

当朋党之论沸沸扬扬之时，滕子京、魏介之二人不顾仕途前程而跨越"长江天险"来到润州拜访范仲淹，范仲淹作诗《滕子京魏介之二同年相访丹阳郡》:"长江天下险,涉者利名驱。二公访贫交,过之如坦途。风波岂不恶,忠信天所扶。相见乃大笑,命歌倒金壶。同年三百人,太半空名呼。没者草自绿,存者颜无朱。功名若在天,何必心区区。莫兢贵高路,休防才嫉夫。孔子作旅人,孟轲号迂儒。吾辈不饮酒,笑杀高阳徒。""风波岂不恶",不仅仅指滕、魏二人跨越长江之险恶,更是表达他们同处于朋党之论的风波之恶。那样的同年虽有300人之多,面对当时的政治风险,大多数人只能是"空呼名",由此可见当时政治环境之险恶。

尽管如此,二人仍然"过之如坦途",无惧大江大河和政治上的风浪,欣然前来探望。他们坦然面对,认为不必"心区区"。他们仍然坚信风波虽然险恶,但是忠信之人自有天扶,对自己、对政治仍然保有一颗乐观向上之心,并且仍能以孔孟自喻、自勉、自励。滕、魏二人的到来,给予范仲淹的绝不仅仅是"有朋自远方来"的快乐,更是一种发自内心的信任与支持,是一份来自同年挚友的安慰和鼓励。对于滕、魏二人的造访,范仲淹有快乐、有感激,挚友间共同进退的信任、鼓励以及经受得住磨难考验的真挚友谊,使他在困境之中倍感慰藉,同时也更加坚定了他们之间的友情。难怪他们在见面时会"相见乃大笑,命歌倒金壶",心有灵犀的慰藉是他们乐观地面对一切困境的感情源泉。

范、滕二人不仅仅是同年、文辞上的知己，更是军事战场上的战友。滕子京同范仲淹一样，文武双全，又爱兵民如同自己的子弟。庆历二年（1042），时遇西夏侵犯北宋边境，在葛怀敏抵御外敌兵败，而泾州城中兵力空虚，各州震骇的情况下，滕子京让农民戎装护城，使百姓安心，又以重金招募勇士担勘察敌情之职，他自己则每日多次把收集到的情报传至各州，使之专为防备。范仲淹率领环庆路兵马救援之时，亲眼看到了滕子京在战后用酒肉犒劳士兵，以此来一洗因天气和失败而导致的阴郁氛围；又安葬定川一役中牺牲的士兵，同时尽力安顿他们的妻儿使他们不至于流离失所。范仲淹与滕子京齐心协力，终于将西夏军击退。

谁都没有想到的是，就在滕子京调任庆州知州后不久，庆历三年（1043）九月，驻扎在泾州的陕西四路马步军都部署、经略安抚招讨使郑戬却向朝廷告发，说滕子京在泾州时滥用官府钱财。监察御史梁坚也对他进行弹劾，指控他在泾州费公使钱16万贯，皇帝随即派遣中使进行调查。当时调查的结果是，所谓16万贯公使钱是诸军的月供给费，用在犒劳羌族首领及士官的费用只有3000贯。滕子京还是被指责为"用度不节""公费私用"。滕子京在这一案件中，为避免牵连无辜，遂把安抚和宴请人员的资料焚毁，这虽然出于好心，却也成为保守派加以攻击的口实。当时范仲淹任官

第九章 壮士暮年

参知政事，极力为他辩白，曾上《奏雪滕宗谅张亢》，认为贱买民户牛驴是出于当时敌情严峻，招募众多，此项使得众心大悦，属情有可原。澄清梁坚弹劾滕子京在邠州宴席上分与乐人弟子的银碟子是他（范仲淹）和韩琦分与众人的，不应归罪滕子京。

关于说滕子京滥用钱财、贪污之事，范仲淹也通过自己的调查表明滕子京真正使用的数目为3000贯，另15万贯实属诬加，再以自身在庆州的经历，解释另15万贯应为滕子京借与各军周转之用，稍后本息回收后都将充为公用，应当谅解。范仲淹认为此次弹劾乃滕子京过去疏散且好荣进而招人谤议所致。另外，范仲淹还从西北情势危急、滕子京才识以及朝廷知人之明出发，认为不当对滕子京重加贬黜。不久后，范仲淹又上《再奏辩滕宗谅张亢》，竭尽全力为滕子京辩护，乞求朝廷查清事实。检察调查后得知滕子京确无贪污，军费都用在慰劳边境酋长上。后梁坚去世，但台谏官仍坚持前人之说，朝廷最终虽定了他"守回中日，馈遗往来逾制"的罪名，但也只降一官，这样的结果与范仲淹的极力辩护密不可分。

然而，保守分子仍然穷追不舍，在王拱辰的追击下，滕子京于庆历四年（1044）春，又被贬到岳州（今湖南省岳阳市）任职。岳州地处湖南省东北，洞庭湖之滨，依长江，纳三湘四水，江湖交汇。夏商为荆州之域、三苗之地，春秋战国时为楚地。晋武帝太康元年（280）建立巴陵县。刘宋元嘉十六年（439），始置巴陵郡，治所亦在巴陵县城。隋开皇十一年（591）改此地为岳州，是为岳州之名之始。滕子京被贬岳州的时候，这里还是未及开发的边远蛮荒之地。也正是由于这个原因，上自屈原起，岳州就成为各朝仕途坎坷、累有贬迹的名家最多的去处。

明代《隆庆岳州府志》有关于滕子京在岳州的表述："建学育才，百废悉举，文章政事，岳阳人至今颂之。"滕子京在岳州任职期间，除了迁建岳州学宫、筑紫金堤、修通和桥，做了一些有益民生与教育之事外，还重修了岳阳楼。

滕子京左迁巴陵，重建岳阳楼。子京云："落其成，待痛饮一场，凭栏大恸十数声而已！"他在楼上题词《临江仙》："湖水连天天连水，秋来分外澄清。君山自是小蓬瀛。气蒸云梦泽，波撼岳阳城。　　帝子有灵能鼓瑟，凄然依旧伤情。微闻兰芷动芳馨。曲终人不见，江上数峰青。"此词可以说是他当时境遇下心情的确切表达。上阕最后两句完全引用孟浩然的《临洞庭湖赠张丞相》诗中的原句。如果说孟浩然的诗作中还饱含着一种希望，那么此时范仲淹主持的新政已经失败，对于滕子京来说，同样的话蕴含的则只有绝望与无奈了。

在滕子京的心目中，岳阳楼是许多前朝名流，尤其是唐代如韩、柳、刘、白、"二张"（张说、张九龄）、"二杜"（杜甫、杜牧）等人留下过著名诗篇的地方，同时他更加意识到"当时名辈出能至此者，率自迁谪而来，故所属篇类，多《离骚》叹惋之意"。此时的岳阳楼不是可以观巴陵胜景的楼台，而是历来迁客骚人"同是天涯沦落人"的感慨积淀。他会"大恸十数声"，不只是向先贤，也是自己愤郁心情的发泄，更是感觉找到知音时心灵共振的呐喊。范仲淹的玄孙范公偁在《过庭录》中说："滕子京负大才，为众所妒。自庆帅谪巴陵，愤郁颇见辞色。文正（范仲淹）与之同年友善，爱其才，恐后贻祸。然滕豪迈自负，罕受人言，正患无隙以规之。子京忽以书抵文正，求岳阳楼记，故记中云：'不以物喜，不以己悲，先天下之忧而忧，后天下之乐而乐。'其意盖有在矣。"

庆历六年（1046），重修的岳阳楼落成，滕子京便写信给好友范仲淹，请他就重修岳阳楼一事写一篇文章，并随信附上一幅《洞庭湖晚秋图》。其时，范仲淹因他自己力推的庆历新政遭当朝保守派大臣贾昌朝、陈执中、王拱辰等攻击而失败，他自己也于庆历五年（1045），由参知政事贬迁至邓州（今河南省南阳市）知州。或许正是这种"同是天涯沦落人"的际遇，触动了范仲淹，于是他借楼写湖，凭湖抒怀。这便有了名扬后世的《岳阳楼记》：

忧乐系天下:范仲淹

庆历四年春,滕子京谪守巴陵郡。越明年,政通人和,百废具兴。乃重修岳阳楼,增其旧制,刻唐贤今人诗赋于其上。属予作文以记之。

予观夫巴陵胜状,在洞庭一湖。衔远山,吞长江,浩浩汤汤,横无际涯;朝晖夕阴,气象万千,此则岳阳楼之大观也,前人之述备矣。然则北通巫峡,南极潇湘,迁客骚人,多会于此,览物之情,得无异乎?

若夫淫雨霏霏,连月不开,阴风怒号,浊浪排空;日星隐曜,山岳潜形;商旅不行,樯倾楫摧;薄暮冥冥,虎啸猿啼。登斯楼也,则有去国怀乡,忧谗畏讥,满目萧然,感极而悲者矣。

至若春和景明,波澜不惊,上下天光,一碧万顷;沙鸥翔集,锦鳞游泳;岸芷汀兰,郁郁青青。而或长烟一空,皓月千里,浮光跃金,静影沉璧,渔歌互答,此乐何极!登斯楼也,则有心旷神怡,宠辱偕忘,把酒临风,其喜洋洋者矣。

嗟夫!予尝求古仁人之心,或异二者之为,何哉?不以物喜,不以己悲,居庙堂之高则忧其民,处江湖之远则忧其君。是进亦忧,退亦忧。然则何时而乐耶?其

第九章 壮士暮年

必曰"先天下之忧而忧,后天下之乐而乐"乎。噫!微斯人,吾谁与归?

时六年九月十五日。

自"庆历四年春"至"属予作文以记之"短短 51 字即交代了时间、地点、人物、写作缘起,虽惜字如金,但简要介绍了滕子京在巴陵的功绩。第二至四段结合岳阳楼周边的盛景大观,略述前代迁客骚人登斯楼而产生的复杂情感。在第五段,范仲淹提出大丈夫应该"不以物喜,不以己悲,居庙堂之高则忧其民,处江湖之远则忧其君"。他鼓励滕子京要"先天下之忧而忧,后天下之乐而乐"。这既是自勉,也是对挚友的婉转规劝。由于多年身处高位,对官场的险恶深有体会,所以在《岳阳楼记》中,范仲淹可谓苦心孤诣。他知道重修岳阳楼肯定要花很多钱,也担心有人会再次借机揭发滕子京劳民伤财,所以在文章一开头就用"政通人和,百废具兴"对滕子京的政绩给予肯定和颂扬,同时既告诉他人滕子京是在干出政绩后才重修名胜古迹岳阳楼的,又堵了攻击者之口。范仲淹的苦心没有白费,因为他的这篇《岳阳楼记》,滕子京的功绩广为传颂,于是在庆历七年(1047),滕子京由于治岳州有功,调到江南重镇苏州担任知州,这也算是朝廷对他最后的肯定。

忧乐系天下：范仲淹

范仲淹的千古名篇《岳阳楼记》应滕子京之请而作，这不仅是对景色楼观的感叹，更是范、滕友情的最好见证，是他们崇高思想境界和人格魅力的自然凸现。其中也蕴含着他们一生交往中形成的远大抱负和崇高人格。滕子京得进岳州"三贤祠"；当范仲淹奉旨徙荆南时，"邓人遮使者请留"，作为贬谪之官，他们有如此政绩，是同以先忧后乐为本。他们是古仁人之心的践行者，是先忧后乐精神的躬行者，是此种精神境界的先锋和旗帜，也是君子之交的完美印证！滕子京驻守岳州三年，庆历七年（1047）初调任苏州，三个多月后，即病逝于苏州任所，死后葬于苏州。回顾滕子京的一生，是与范仲淹紧密联系在一起的：从同年登第，泰州过往，共筑捍海堰，到并肩抗戎敌，同时面对弹劾……他们是真正的志趣相投、荣辱与共了。

范仲淹为秀才时，便以天下为己任。他提出过两句最有名的口号："士当先天下之忧而忧，后天下之乐而乐。"这是那时士大夫社会中一种自觉精神之最好的榜样。南宋人以为"本朝人物以仲淹为第一"，元朝人说他"千百年间，盖不一二见"。宋代是士大夫自觉意识最高涨的时代，一种崭新的精神面貌已经浮现在儒家社群之中。如果要说有宋儒气象，那就是由范仲淹以身作则开创的，故而朱熹说："本朝惟范文正公振作士大夫之功为多。"作为一种人格典范,他对后人影响深远,完全当得起他在《严先生祠堂记》里所推崇的"云山苍苍,江水泱泱,先生之风,山高水长"。他在《岳阳楼记》里所说的"不以物喜,不以己悲,居庙堂之高则忧其民,处江湖之远则忧其君。是进亦忧,退亦忧。然则何时而乐耶?其必曰'先天下之忧而忧,后天下之乐而乐'",真是一种光风霁月的人格境界,令人高山仰止。李贽对他的人格精神评价最高,甚至以为"宋亡,范公不亡也"。皇祐元年(1049)正月,范仲淹61岁,正是在这年的十月,范仲淹在苏州创办了义庄。

三、范氏义庄

说到义庄的创立,与中国传统的家族观念有着密切的关系。中国家族观念的起点,我们可以追溯到周代的封建与宗法。封建,即天子以封邦建国,加强对疆域的控制;宗法制即以嫡长子继承制为核心的凭借血缘关系对族人进行管辖和处置的制度。西周时将二者结合,形成"天子建国,诸侯立家,大夫有贰宗,士有隶子弟"的封建秩序。秦汉时期,社会关系发生变化,贵族没落,宗法制崩溃,家族组织的控制作用相对松弛。南北朝以来,大家族开始逐渐发展起来,他们以"孝友""孝义"为旨数世同居,团聚宗族,孝亲敬族,遵守礼法。这种家族累世聚居的大家族，就叫作"义门"。大家族人数众多，关系复杂，不太容易管理与控制，因此，用以维持家族秩序的家法族规便开始出现了。

家法族规最初是一些礼节和规范，目的在于教养子孙后代处世接物、应对进退，后来逐渐演变成了规章制度，用以束缚家庭成员的行为轨迹。在执行家法时，大家长有着很大的权威。在家法的约束以及大家长的权威压力下，家族成员往往能够谨守封建秩序，并使家族得到长远发展。因此，很多发展良好、规模较大的大家族往往会得到朝廷的"旌表"提倡。

唐代安史之乱以及五代纷争，使得社会常常处于不稳定的状态，地主阶级的统治以及当权者个人家庭的地位也常常受到威胁与挑战。因此，入宋以后，宋代的理学家们开始重新倡导家族制度，以此来稳定社会秩序。宋代的理学家张载即主张"立宗子法"，用以管摄天下人心，建立宗族，敦厚风俗。他提出方案说："今日大臣之家可以立宗子法，以嫡长为大宗，管理家里的上上下下、所有生计。族内成员需谨遵祖先立法，严宗庙、合宗族。最终达到公卿家庭稳定、朝廷稳固。"理学家程颐也持有和张载一样的主张，他说："如果立宗子法，那么人人都会知道尊重祖先，重视本业，如此朝廷的势力也会逐渐稳定。"

家族是古代的宗子法和当时盛行的大家族组织相结合的产

物，经过宋代理学家们的提倡，家族组织的系统性与完备性日益加强。总的来说，家族的建立有以下几个主要因素：其一，是祠堂的建立，祠堂是家族中共同祭祀祖先的场所，而祭祀则是维系家族精神的纽带；其二，是要有族产，即一定数量、名义的家族公有财产，以此作为联系族众的物质基础；其三，是要制定族规，制定家族成员共同遵守的规章；其四，是要设立族长，也就是大家长，作为监督并执行族规的领袖，以便于族规更加强有力地被执行。范仲淹的范氏义庄就是在这样的社会背景下创设的。

范仲淹在皇祐元年（1049）正月创立义庄。但其实早在20年前，范仲淹就已有了创设范氏义庄的构想。钱公辅《义田记》说："早先，范仲淹还未发迹就已有这样的志向，但是囿于现实因素，实在是力不从心。"钱公辅，字君倚，武进（今江苏省常州市）人，宋仁宗皇祐元年进士，先后知广德军与邓州。《义田记》一文不仅褒扬了范仲淹自奉俭约、周济族群的高风义举，而且赞扬了范氏义庄的创设之正确，表达了对范仲淹的崇敬与景仰之情。

宋真宗天禧元年（1017），当时的范仲淹仍然叫朱说，他的官职是文林郎，差遣是权集庆军节度推官，他改回范姓，表达的是当时年已29岁的朱说对自己本身宗族的认同和归属。后来，范仲淹担任了陕西路安抚经略招讨使和参知政事，俸禄以及赏赐等各项收入日渐增多，逐渐有了积蓄。范仲淹买下田地以作为宗族族产，来养济贫寒的族人，无论亲疏，让他们不再有饥寒的忧虑。后又自费买负郭常稔之田千亩，号曰义田，以养济族人。

范仲淹的次子范纯仁在治平元年（1064）所上的奏文中也说："我父亲范仲淹先任资政殿学士日，在苏州吴长两县，购置田地10余顷，其间所得租米，计算好远祖而下诸房宗族的人口数目，供给他们衣食及婚嫁丧葬之用。"也是在当时，范仲淹在杭州的子弟本来向他建议在洛阳附近置产，"以为逸老之地"。范仲淹回答说："钱财都是身外之物，比起自己在物质上吃好住好，我更希望自己的心灵得到充实。况且我现已年逾六十，年事已高，生命能活到哪一天也未可知，唯一的心愿就是让自己的族人能够生活安康。我所担忧的，并不是退休之后没有地方居住，而是担心自己官位越高，越无法功成身退。"因此，范仲淹将自己多余的俸禄都捐献给了宗族。

不仅如此，范仲淹也常常告诫自己的子弟说："我在吴中宗族甚众，于我而言固然有亲疏之别。但是再往前看，我们都是同一个祖宗的子孙，因此便没有了亲疏之分。且自祖宗来，积德百余年到我这辈才开始发迹，我也是幸得祖宗庇佑才做了大官。这种荣誉与富贵若是自己独享而不去体恤宗族，来日将有什么颜面去地下拜见各位列祖列宗？又将如何被纳入祖宗祠堂呢？我岂有不去抚恤照顾族中贫弱之人的理由？"故恩例俸赐，常均族人，并置义田宅。

除了对于祖宗与族人的感念之情，范仲淹创建义庄之举也受到了戚同文的影响。戚同文为人质朴，性格直爽且讲求信义，他的宗族贫乏时，戚同文则拿出自己的俸禄与积蓄周济之，族人遇到丧葬则赈恤之，遇到困境则勉励之。戚同文曾说："人生以行义为贵，安用是义之一字。"戚同文曾在应天府书院讲学，范仲淹在此求学时，经常听他讲授各种经典。而戚同文的家族观念也潜移默化地影响了范仲淹，加深了他对范氏家族的认同和归属感。

关于范仲淹创设义庄的原因，总结起来大致有以下几点：第一，范仲淹有早年孤苦的生活经历，不愿族人再受到孤苦的困扰，因此，他拿出自己的俸禄恩赐购买义田，并将义田所得分给族人，尤其是贫寒的族人。第二，范仲淹有"先天下之忧而忧，后天下之乐而乐"的公心与慈爱之心，以及知恩图报的正直品格。第三，范仲淹重视宗族发展，想要子孙后代长保富贵。第四，受到了当时名士戚同文的影响，作为同时代的儒者，他们都怀有赈济宗族的倾向和思想，由此坚定和促进了范仲淹兴建义庄的思想。

皇祐元年（1049），范仲淹知杭州。这一年，范仲淹在苏州长洲、吴县置田10余顷，作为族中公产，名为义庄，其田称为义田,在义田上收获的米称为义米。将每年所得租米,供给各房族人衣食、婚嫁和丧葬之用。为了便于对义庄的管理,翌年,范仲淹亲自制定了13条初定规矩,后来范纯仁将全文刻石,置于天平山白云寺的范文正公祠堂。这就是所谓的"文正公初定规矩",条目内容大致为:

首先是对族人衣食的分配方法。规定各房5岁以上,无论男女,每人每月白米3斗;冬衣大人每人配绢布1匹,5到10岁的男女减半分给。其次是对家族中女仆、奴婢的衣食分给,若女仆有儿女,在家族中已过15年且年纪达到50岁以上,也给分配米粮;对于每房的奴婢也给分配米粮,不给予衣物分配。要求各房制作"请米历子",逢月末找掌管人支取,但不许隔月支取米粮,掌管人也有簿子掌管人数,若是掌管人自行破用或者支给他人,则允许各房加以监督并要求赔偿相应米粮。再次就是关于族中家庭婚丧嫁娶之事的物资分配与补助,长女出嫁给钱30贯,再嫁的则是20贯;娶老婆给钱20贯,再娶不给;丧葬事宜也是按照等级来给予物资分配,尊长有丧事发生,先给钱10贯,等到发葬时再给钱15贯;次长、卑幼等如有丧葬,物资支配依次递减,而7岁以下以及奴仆的丧葬则不特支给钱财。

此外,对族中子弟出官的物资给予,有还家待阙、守选、丁忧或者留家里的，按例分给米粮。最后是对米粮等物资的分配与管理，设置有米粮管理人员——掌管人。掌管人是从诸房子弟中挑选，专门负责收取谷物地租，储备适量的米粮，并负责米粮等物资的看管与分配，但对于多余的米粮没有售卖的权利。粮食的分配顺序也是有规定的。粮食丰收时，要多备下第二年的粮食；遇到饥荒时，除了应给的口粮以外，其余一切不支；尚有余粮时，按照先凶后吉、先尊后卑的顺序来办理分配，但不许买卖。此外，除了对族中困乏之人的救助外，对于远亲、乡邻遇到困窘情境的，也会量力给予帮助。

范仲淹订立义庄规矩两年后便离世了。他去世之后，义庄的发展遇到了困难。范仲淹次子范纯仁在治平元年（1064）上奏说："义庄发展到现在，诸房子弟当中有不少不遵守规矩的，州县没有治理的相关律法，而我们自己家族又不好治理、惩戒，久而久之，义庄越来越废坏，使得族内贫困饥寒的族人失去了依靠。"于是，范纯仁请求朝廷说："希望朝廷能够特降指挥使来苏州，族内诸房子弟如果有违背义庄规矩的，可以让官府受理。"宋英宗答应了他的请求，让义庄规矩得到官府的协助，于是范氏义庄就成了受官府承认的组织。

范氏义庄在范纯仁的精心管理下得到了很大的发展，不仅义田规模扩大，而且对义庄规矩进行了增补。清人鲁仕骥的《陈氏义庄记》说："文正公始置田千亩，至忠宣公，遂广为三千亩。"范纯仁将义庄扩大到三倍，难怪《宋史》说他"自为布衣，至宰相，廉俭如一，所得俸赐，皆以广义庄"。此外，从熙宁六年（1073）到政和五年（1115）的40多年间，范纯仁和他的弟弟纯礼、纯粹先后又对义庄规矩作了几次增补。

续订的规矩中包含了教育的成分和明确提出官府可以管理义庄事宜。第一条是关于资助进京赶考子弟的：对于进京参加考试的，族内给予物资资助，但须得是真实进京赴考的，如果说无故不参加考试，则会对其资助进行追纳。第二条是针对族中子弟亵渎祖坟问题作出的规定：如果诸位子弟纵人去砍伐祖坟周边的树木、植物，这就是对祖先的一种不尊重，是要由掌管人申报官府，由官府进行理断的。这条规矩中明确加入了官府对义庄的管理，可以说是对范纯仁治平元年请求的回应和实践。第三条是关于赞助庄内义学的，其中对教师的资格以及薪资待遇、教师的选聘都有具体的规定。这一条涉及义学，补充了初定规矩里所没有的内容。

初定规矩中虽没有关于教育活动的规定，但是范氏义庄中却设有义学，义学运转的资金来源同样是靠义田的收入来维持的。牟𪩘的《义学记》对此有所记载："范文正公尝建义宅、置义田

第九章　壮士暮年

义庄，以收其宗族，又设义学以教，教养咸备，意最近古。"范仲淹在义庄中设立义学的原因可以从他的个人经历中得到答案，范仲淹幼年时，没有机会入学，必须要到长白山的寺庙里读书。因此，在义庄中设立义学就可以为族中的诸房子弟提供一个良好的学习场所。义学常以祠堂作为诸子弟读书的教室。

范氏义庄对于教育活动的重视远远不止这一点。范氏义庄内设有义宅，义宅内有一个小房间，取名"岁寒堂"，是专门给一些要应试科举的子弟读书的地方。《清宪公续定规矩》中说："岁寒堂里面，除了科举年份诸位子弟暂时修业，其余时间不能够在里面宴饮欢乐，如果有违背的，就罚全房月米一月。"其实义宅原来的名字叫"灵芝坊"。它是范氏祖先范履冰的故宅，范仲淹本人十分钟爱此堂，曾经将这间房间作为自己的书斋。后来便开放给一些无家可归的族人来居住。

政和七年（1117），范氏兄弟范纯礼和范纯粹对义庄规定再次进行了补充：限制族人在规定的粮钱外要求额外的支给。如果义庄内发生了规矩中所没有记载的事情，那么需要由掌管人召集族人商议处理，以正众人之位。此外，还有关于义宅的维修与扩建的规定等。经过修订与增补，义庄规矩已经相当具体、周密了。范纯仁及其兄弟从范氏义庄发展的实际情况入手，就族人对义庄的破坏行为作出规章约束。这些规矩都是从实践中所得，是逐渐累积经验而制定的。南宋时期，范氏义庄仍在发展，义庄规矩也在不断完善。范仲淹的五世孙范之柔还在南宋时对熙宁六年（1073）续订规矩的第一款作了补充，根据当时的具体情况，作出了提高资助考生的旅费的新规定。

南宋末年，战火纷扰，范氏义庄也未能幸免于难，曾一度荒废。直到元朝时，经当时的提管向朝廷建议，义庄才得到修复。明朝时，由于政府的不重视，范氏义庄再次走向危机。直至清朝时再次得到转机并得到大规模的发展。

范氏义庄的创设，是范仲淹践行收族敬宗观念的一次重要实践，不仅是范仲淹人生当中的一件大事，也对北宋乃至后世家族的规范产生了重要影响。钱公辅在《范文正公义田记》中热情洋溢地褒扬范仲淹这一创举："立义庄聚族而居之，至今二百余年，范氏裔孙犹列居文正坊中，义规炳然，海内视以为则。余昔尝寓迹于吴，慕而效之，宗党散落四方集之。"义庄的设立确实达到了赡养族中孤穷，进而团结宗族、凝聚族人的效果，并能够通过立学教育族中子弟，保证族中代有才人出，进而使得宗族能够长久地维持乃至繁荣下去。这是宋代士人以及后来的儒者表彰范氏义庄，仿而行之的重要原因。

第九章 壮士暮年

宋代有很多士人钦慕范氏义庄，比如张守说："我也常常称赞范仲淹建立范氏义庄的创举，我常常告诫各房诸子，如若有一天自己也有余力和充实的物资，也要效仿范文正公建立义庄。"林希逸也说："我非常敬慕范仲淹，范公的高风亮节是我等遥不可及的，但是他创立的范氏义庄是我等差不多可以效仿的。"文天祥也表达了自己对范氏义庄的称赞："常常都说宗族原本就是一体，有着很深的情谊，是应当爱护体恤的，我也很欣赏范仲淹创立范氏义庄，等有一天我得志时也要效仿。"

但是我们也应该认识到因为族人对家族有着经济上的依赖，加上所谓的血缘关系导致族人相较于其他势力更加依靠本族兴办的义庄，所以义庄也在一定程度上起到了禁锢族人的负面作用。族规中对于族人参加科举的鼓励措施，使得族人中读书人专心于科举，而忽略其他，限制了族人在其他方面的发展。某种程度上又使得族人过于顺从，不利于族人独立人格的成长。

不过，义庄在实际运行过程中，虽然产生了一些不良作用，但是它的创立作为范氏家族发展史上一座划时代的里程碑，不仅对范氏家族的发展起过多方面的重要作用，而且其所发挥出来的功用更是对社会和谐发展起到了示范作用。范氏义庄不仅是敦睦亲族的典范，也是儒家治理理想的社会化实践。

尾 声

　　梅君圣俞作是赋，曾不我鄙，而寄以为好。因勉而和之，庶几感物之意同归而殊途矣。"灵乌灵乌，尔之为禽兮，何不高翔而远骞，何为号呼于人兮，告吉凶而逢怒。方将折尔翅而烹尔躯，徒悔焉而亡路。"彼哑哑兮如诉，请臆对而心谕："我有生兮，累阴阳之含育；我有质兮，处天地之覆露。长慈母之危巢，托主人之佳树。斤不我伐，弹不我仆。母之鞠兮孔艰，主之仁兮则安。度春风兮，既成我以羽翰；眷庭柯兮，欲去君而盘桓。思报之意，厥声或异。警于未形，恐于未炽。知我者谓吉

尾　声

之先，不知我者谓凶之类。故告之则反灾于身，不告之者则稔祸于人。主恩或忘，我怀靡臧。虽死而告，为凶之防。亦由桑妖于庭，惧而修德，俾王之兴；雉怪于鼎，惧而修德，俾王之盛。天听甚逊，人言曷病。彼希声之凤皇，亦见讥于楚狂；彼不世之麒麟，亦见伤于鲁人。凤岂以讥而不灵，麟岂以伤而不仁？故割而可卷，孰为神兵；焚而可变，孰为英琼。宁鸣而死，不默而生。胡不学太仓之鼠兮，何必仁为，丰食而肥。仓苟竭兮，吾将安归？又不学荒城之狐兮，何必义为，深穴而威。城苟圮兮，吾将畴依？宁骥子之困于驰骛兮，驽骀泰于刍养。宁鹓鹐之饥于云霄兮，鸱鸢饫乎草莽。君不见仲尼之云兮，予欲无言。累累四方，曾不得而已焉。又不见孟轲之志兮，养其浩然。皇皇三月，曾何敢以休焉。此小者优优，而大者乾乾。我乌也勤于母兮自天，爱于主兮自天；人有言兮是然，人无言兮是然。"

以上千古名文，乃范仲淹的《灵乌赋》，是他被贬饶州时回复梅尧臣寄给他的《灵乌赋》而作的。在《灵乌赋》中，梅尧臣规劝范仲淹不要直谏以避免引祸上身，范仲淹则在回复梅尧臣的

《灵乌赋》中，借灵乌之言表明自己的志向。范仲淹作《灵乌赋》中的名句"宁鸣而死，不默而生"则与《岳阳楼记》的名句"先天下之忧而忧，后天下之乐而乐"一起，成为他毕生致力于兴国济民的真实写照，将范仲淹精神传颂千古。这种精神在他弥留之际所写的《遗表》中再次得以重申：

臣闻：生必尽忠，乃臣节之常守；没犹有恋，盖主恩之难忘。辄忍须臾之期，少舒迫切之恳。痛靡自觉，辞皆不伦。

伏念：臣生而遂孤，少乃从学。游心儒术，决知圣道之可行；结绶仕途，不信贱官之能屈。才脱中铨之冗，遽参丽正之荣。耻为幸人，窃论国体。昨自明肃厌代之后，陛下奋权之初，首承德音，占预谏列。念昔执卷，惟虞无位之可行；况今得君，安敢惜身而少避！间斥江湖之远，旋尘待从之班。大忤贵权，几成废放。属羌臣之负险，顾将列以难裁。乃副帅权，仍峻使任。亦尝周旋战备，指目地形。力援定川之师，始期遇敌；誓复横山之壤，亟逼讲和。虽微必取之功，多弭未然之患。预中枢之密勿，曾不获辞；参大政之几微，益难胜

尾 声

责。自念骤膺于宠遇，固当勉副于倚毗。然而事久敝则人惮于更张，功未验则俗称于迂阔。以进贤援能为树党，以敦本抑末为近名。洎忝二华之行，愈增百种之谤。上系天听，终辨众谗。因恳避于钧衡，爰就班于符竹。一违近署，五易名城。虽圣恩曲示于便安，奈神道常恶其盈满。请麾上颍，盖遭拙疹之未平；息鞍东徐，益觉灵医之不效。唯积疴之见困，非晚岁之能支。神不在形，气将去干。冥冥幽壤，倏为长徂之期；穆穆清光，永绝再瞻之望。肝胆摧落，精魄飞扬。

然臣起于诸生，历此华贯。雨露泽于数世，圭组焕于一门。有如臣焉，足为荣矣。当瞑目以无憾，尚贪生而有云？盖念所惜者盛时，所眷者明主。虽性命之际，已能自通；然君臣之间，岂易忘报！但无恒化，以竭遗忠。敢惮陈于绪言，庶无负于没齿。伏望陛下调和六气，会聚百祥。上承天心，下徇人欲。明慎刑赏，而使之必当；精审号令，而期于必行。尊崇贤良，裁抑侥幸。制治于未乱，纳民于大中。如此，则不独微臣甘从于异物，庶令率土永寖于淳风。

言逐涕零，命随疏殒。臣无任惶惧战惕之至。

忧乐系天下：范仲淹

《遗表》中范仲淹除了系统总结了自己宦海沉浮的一生外，依然希望宋仁宗能够听得进自己的临终谏言，却只字不提个人身后事。皇祐四年（1052）五月，范仲淹在赶往颍州赴任的途中，病逝于徐州，终年64岁。范仲淹去世的消息很快传到了朝廷，宋仁宗在得知这位和他作对半生的忠臣的死讯后，悲伤了很久，向近臣说："范仲淹是我朝御边的老将，是治理国事的能臣。我正要重用他，他却不幸离世了。"为了悼念范仲淹，宋仁宗特意诏令停朝一天。追赠他为兵部尚书，赐谥号曰"文正"。根据范仲淹的遗愿，是年十二月，他的儿子们将他的尸骨葬在了河南洛阳尹樊里的万安山下。

范仲淹的生前好友欧阳修、富弼为他撰写了神道碑铭和墓志铭，宋仁宗为他的墓碑亲笔写下"褒贤之碑"。一时重臣纷纷撰写祭文，深切缅怀这位宋代士大夫的楷模。富弼《祭范文正公文》曰：

> 维年月日，具衔富某，谨遣左教练使陈节诣徐州，以清酌庶羞之奠，致祭于故资政殿学士、户部侍郎范公六丈之灵。呜呼公乎！天之生公，实将济此下民乎！功

尾 声

乎未宣,何遽夺之而不践其初乎?天乎忍为是,而不自信之甚乎!不然,何赋公道大德具,而罔克终其施乎?某愚不文,而不能尽扬公之懿,聊书其概,以寓其悲。公幼孤无依,零丁自生。徒步游学,至于成名。奔走铨选,益困于行。仅改一秩,卿寺之丞。有宗公晏,荐公文章,典校图籍,馆阁之光。献后诞节,奸谋请皇,下率百辟,北面奉觞。公闻骇走,出疏于囊。虽示民孝,君入臣行,愿得元宰,外行故常。帝首宗之,内宴是将。众为公栗,公胆益张。于时非公,大节几忘。并悟献奸,遄逋于外。献既往矣,谏垣召拜。夙夜蹇蹇,益用不怠。帝怒椒披,讲从废殛。公率诸僚,御史协力。伏阁而谏,气直寰域。坐是谪去,中外失色。累易郡玺,召尹上京。尹职非志,志安朝廷。连拄柄臣,又窜南征。忠亮信特,天下皆倾。有夏不轨,西鄙用兵。遽召起公,来抚方城。大将失律,关陕震惊。延是孤危,贼谓己物。命者必辞,公独请之。人惜公去,公马星驰。居未席暖,贼遁而归。贼措无所,羽书见诒。公比尊君,不欲中报。手为答书,祸福以告。既驿以闻,上览而喜。耆明赞云,可附于史。昧者诋媒,嫉其出己。

忧乐系天下：范仲淹

胡然守边，宜赐以死。常忧迩臣，勉徇所启。徙公内藩，物论麻起。俄建帅旗，总护诸将。帝心思贤，天下是访。擢贰枢管，复参政钧。二府交入，万微日新。不设机械，不作崖岸。坦坦一心，惟道之践。谗间得行，孤立谁辨？因其出抚，遂留郊方。穰下得请，旋易于杭。又易青社，曾未盈岁。恙起不测，又求颍水。及徐不行，托友以死。呜呼！公止于是而已乎！某昔初冠，识公海陵。顾我誉我，谓必有成。我稔公德，亦已服膺。自是相知，莫我公比。一气殊息，同心异体。始未闻道，公实告之。未知学文，公实教之。肇复制举，我悼大科，公实激之；既举而仕，政则未谕，公实饬之。公在内史，我陪密幄，得同四辅之仪；公抚陕西，我抚河北，又分三面之寄。公既罢去，我亦随逝。从古罪人，以干魑魅。公我明时，咸得善地。自此蛊孽，毁訾如沸。必置其死，以快其志。公云圣贤，鲜不如是。出处以道，俯仰无愧。彼奸伊何，其若天意？我闻公说，释然以宁。既而呦呦，果不复行。于是相勖以忠，相劝以义。报主之心，死而后已。呜呼哀哉！公今死矣，忠义已矣！万不伸一，赍恨多矣。世无哲人，吾道穷矣。

尾声

我虽苟活,与死均矣。呜呼哀哉!师友僚类,殆三十年。一日弃我,悲何可存?我守蔡印,公薨彭门。我去无所,公来已魂。我恸几绝,公闻不闻?走使持奠,作文叙冤。呜呼哀哉!尚飨!

欧阳修《祭资政范公文》曰:

月日,庐陵欧阳修谨以清酌庶羞之奠,致祭于故资政殿学士、尚书户部侍郎范文正公之灵。曰:呜呼公乎!学古居今,持方入圆。丘轲之艰,其道则然。公曰彼恶,公为好讦;公曰彼善,公为树朋。公所勇为,谓公躁进;公有退让,谓公近名。谗人之言,其何可听?先事而斥,群议众排。有事而思,虽仇谓材。毁不吾伤,誉不吾喜。进退有仪,夷行险止。呜呼公乎!举世之善,谁非公徒?谗人实多,公志不舒。善不胜恶,岂其然乎?成难毁易,理又然欤?呜呼公乎!欲坏其栋,先摧桷榱。倾巢破縠,披折傍枝。害一损百,人谁不罹?谁为党论,是不仁哉!呜呼公乎!易名谥行,君子之荣。生也何毁,没也何称?好死恶生,殆非人情。岂其生有所嫉,而死无所争?自公云亡,谤不待辨。愈久愈明,由今可见。始屈终伸,公其无恨。写怀平生,寓此薄奠。

蔡襄《祭范侍郎文》曰:

谨遣某人以清酌庶羞之奠,致祭于故资政侍郎高平范公之灵。呜呼!生死聚散,物理之宜,何公之亡,贤愚涕洟。人幸公年,非有爱私。幸公复用,庶几有利于时。呜呼!使公且存而复用,终有为乎,其无有也?在天圣中,公当言责。时士大夫,依阿厚嘿。公乃言事,倾动天下。触指权奸,开道谏诤。尹京之政,例为宽大。借吏齿牙,光饰眉面。公政清明,卒以毁去。羌种窥边,天兵议讨。公云士伍,未可即用。投书叛酋,语之祸福。逮其款附,终若前料。登于政府,天子问状。公拔根株,扳摄三代,不为目前苟且之计。劝农养士,塞窦侥进。众訾成波,挤落在外。至死流离,惟道是赖。大航楫维,胶于泥沙。涉者罔济,临流费嗟。公薨之初,众悼以哗。市利田宅,子女金犀。厚味入骨,老死营持。公薨之后,

尾 声

独无馀资。君国以忠,亲友以义。进退安危,不易其志。立身大节,明白如是。襄晚登公门,尝辱知遇。公丧在东,欲吊无路。陈酹以文,千古斯慕。

张方平《祭资政范侍郎文》曰:

维皇祐四年岁次壬辰七月甲辰朔,具官某谨以清酌果羞之奠,致祭于故资政殿学士、户部侍郎、赠兵部尚书范文正公之灵。呜呼!孔氏之门,四科高第。惟达者之十子,得圣人之一体。猗嗟乎公,德行则充。文学纯深,政事宏通。风节是勉,名教是践。玉气千寻,金精百炼。赤墀清规,正色谠辞。引义忼慨,主尊臣卑。夏戎不虔,文告弗悛。付公萧斧,诗书在边。公允文武,威行士附。革其鸮首,乱亦遄沮。复节还台,皇皇泰阶。搢绅谓言,股肱良哉。维直方大,熙帝之载。古训是式,王猷亶迈。惟日孜孜,爱莫助之。时望去朝,识者曰咨。比厘南夏,爰徙东社。遘疾避剧,汝险促驾。弥留泗滨,竟号车梦。精气归天,复其清纯。死生去来,于达奚哀。渠渠大厦,怛此栋摧。公陪宰席,尝僚右披。炳然丝纶，赏有馀色。涛江汤汤，往袭遗芳。见公禾兴，德音未忘。念言薄祜，遭家艰疢。莫适匍匐，殒涕如溜。平生素琴，已矣知音。寄衷一酹，仿佛垂临。尚飨！

王安石《祭范颍州仲淹文》曰：

呜呼我公，一世之师。由初迄终，名节无疵。明肃之盛，身危志殖。瑶华失位，又随以斥。治功亟闻，尹帝之都。闭奸兴良，稚子歌呼。赫赫之家，万首俯趋。独绳其私，以走江湖。士争留公，蹈祸不栗。有危其辞，谒与俱出。风俗之衰，骇正怡邪。蹇蹇我初，人以疑嗟。力行不回，慕者兴起。儒先茜茜，以节相侈。公之在贬，愈勇为忠。稽前引古，谊不营躬。外更三州，施有馀泽。如酾河江，以灌寻尺。宿赃自解，不以刑加。猾盗涵仁，终老无邪。讲艺弦歌，慕来千里。沟川障泽，田桑有喜。戎孽猘狂，敢崎我疆。铸印刻符，公屏一方。取将于伍，后常名显。收士至佐，维邦之彦。声之所加，虏不敢濒。以其馀威，走敌完邻。昔也始

尾 声

至,疮痍满道。乐之养之,内外完好。既其无为,饮酒笑歌。百城晏眠,吏士委蛇。上嘉曰材,以副枢密。稽首辞让,至于六七。遂参宰相,厘我典常。扶贤赞杰,乱冗除荒。官更于朝,士变于乡。百治具修,偷堕勉强。彼阙不遂,归侍帝侧。卒屏于外,身屯道塞。谓宜苟老,尚有以为。神乎孰忍,使至于斯!盖公之才,犹不尽试。肆其经纶,功孰与计?自公之贵,厩车逾空。和其色辞,傲讦以容。化于妇妾,不靡珠玉。翼翼公子,币绨恶粟。闵死怜穷,惟是之奢。孤女以嫁,男成厥家。孰埋于深?孰锓乎厚?其传甚详,以法永久。硕人今亡,邦国之尤。矧鄙不肖,辱公知尤。承凶万里,不往而留。涕哭驰辞,以赞醪羞。

司马光《祭范尚书文》曰:

呜呼!天生俊贤,为国之纪。服休服采,以翼天子。冠带立朝,正色巍巍。谠言直节,奋不顾己。乃率西师,氐羌率俾。乃赞公台,缉熙物轨。乃牧东夏,刑清政理。德实光大,才则茂美。宜其永龄,享有多祉。

如何不淑，进途中止。辒车过都，顿舍甚迩。莫不手觝，僭疴何已。灵底其衷，歆兹馨旨。尚飨！

苏颂《代杜丞相祭范资政文》曰：

嗟嗟希文，于是已乎！哲人已矣，孰不悲吁！吾失我友，天乎祝予。福善之报，意亦何如？我思若人，才质美粹。识通道广，心和色毅。政事文学，圣门高第。蹇蹇匪躬，王臣之义。克全厥修，以辅天子。在天圣间，犹为小官。属时无事，法弛禁宽。论疏利病，书闻扆前。上察其忠，擢寘谏垣。国蠹民害，造膝极言。三黜无愠，天下称贤。氐羌负固，抗吾王旅。召还远邦，更帅西府。令肃而台，士豫以附。书责渠帅，敌气败沮。果入请和，复期其故。告厥成功，登赞台辅。亦既遇时，知无不为。修明百度，更张四维。铨度流品，经制边陲。事靡不举，政无阙遗。始进以勤，竭精宣力。俄罢而休，谓宜偃息。忠臣惓惓，远不忘国。王事一埤，为我心恻。寒暑交侵，中若结轖。东徂不归，大病俄革。呜呼！大名罕兼，五福难具。人得其薄，我享其

尾 声

厚。仕历三公，不谓不偶。年过六十，不谓不寿。所可惜者，居位未久。经济之谋，莫克尽究。今亡矣夫，馀庆在后。某也无似，处时寡与。辱为交游，声气相许。契阔晚途，南北修阻。不意一别，乃成今古。君丧在徐，我居于宋，欲往莫得，临风怆恸。言念平生，奄忽如梦。薄奠寄诚，心焉茹痛。

宋徽宗在位时，诏令全国立有范仲淹祠的州县，所在地方官员每年要按时赴祠堂祭祀。

范文正公永远地离开了他执念一生的北宋王朝，王安石将其奉为"一世之师"；南宋学者罗大经认为，"本朝人物，当以范文正为第一"；大儒朱熹则认为"本朝惟范文正公振作士大夫之功为多"。范仲淹以天下为己任的志向，永远镌刻在了国人的心中，成为中华民族宝贵思想遗产的重要组成部分，流传于世，激励后人。

行文至此，不禁感叹，两宋 320 年的历史上几无瑕疵的名人唯范文正公一人耳，纵观中国数千年之历史演进，亦无人能出其右。又不禁再假设，如果历史可以重来，范仲淹还会坚持君子朋党，开辟知识分子的另一种命运吗？

后　记

　　5年前，我因参与编纂《中华大典·历史典·人物分典·宋辽夏金总部》，承担了范仲淹等16位宋代人物的历史资料编辑任务。也正是这样一次偶然的机会，促使我对关涉范仲淹的文献资料作了一番梳理。2016年12月，《中华大典·历史典·人物分典·宋辽夏金总部》顺利出版，我搜集的十数万字的范仲淹史料却静静地躺在了电脑中的文件夹里。5年后的一天，突然接到耿元骊教授的微信，说他受人委托，正在编纂一套有关宋代历史的普及读物，也发来了拟写清单，询问我是否有兴趣参加。我自以为是地认为自己早前搜集过一些史料，就非常干脆地从拟写清单里选择了范仲淹作为写作对象。

　　草拟写作大纲的时候，发现无论哪个方面，我都没有准备

后　记

好，高估了自己以及自己以前搜集的史料。更令人沮丧的是，学界对范仲淹的研究所取得的成果蔚为可观，其中更是有程应镠先生在经过长时间思考如何研究历史人物的实践基础上撰写的《范仲淹新传》。本想厚着脸皮向耿导请罪说不干了，他却颇有先知地发来微信说有人已经撂挑子了，我只得长叹一声："别人家的鸽子放飞得早！"无论如何只得硬着头皮去写。

北宋苏轼《念奴娇·赤壁怀古》云："大江东去，浪淘尽，千古风流人物。"细数中国历史上，秦皇汉武唐宗宋祖，虽文治武功卓然有成，然不可多得；文武兼才的名臣亦屈指可数，范仲淹恰是出将入相、心系天下的典范。面对这样的历史人物，轻易下笔显然是对他的一种不尊重，但如果迟迟不动笔，无疑不能按时交稿。幸好，耿导比较宽容，而我罗列的写作大纲也得到了他的初步认可。

在对史料系统梳理的基础上，本书分9章，以时间为经线，以"复姓归宗""河朔吟""范公筑堤""废后风波""朋党论""庆历官制""《岳阳楼记》"等重要历史事件为纬线，力图梳理范仲淹及其所生活的时代，解读中华文化的渊源有自，弘扬优秀历史人物的爱国主义传统。

写作的过程中，我曾短暂沉浸在谈天说地、说古论今的幻境中，自以为和历史人物聊上了，然而张家长、李家短的俗事又将我重新拉回现实，我得面对我的工作。幸运的是，当我向我的两位研究生邢益明和范泽龙同学寻求帮助时，二位没有半句推托之词，而是认真参与书稿审读，反复讨论并提出了极为中肯的修改意见。他们的鼎力相助，是我能按时向耿导复命的重要保证，我必须要向他们二位表示诚挚的谢意！

  周国平在《安静的位置》一书中曾写道："世上有味之事，包括诗、酒、哲学、爱情，往往无用。吟无用之诗，醉无用之酒，读无用之书，钟无用之情，终于成一无用之人，却因此活得有滋有味。"我不会吟诗，亦不酗酒，只钟有用之情，多半时间用来读所谓"有用"之书，杜撰"有用"之文。按现有的科研考核体系，这本小书显然是"无用"的。《庄子·人间世》曰："人皆知有用之用，而莫知无用之用也。"我仍愿意挥霍这"无用"，斗胆尝试写作这本小书，是想把我们对伟大历史人物的情感和向往，通过"无用之用"的文字加以承载，并借此向先贤致敬。

  是为记。

赵龙
2021 年 6 月 1 日